世纪波
Century Wave

work that works

EMERGINEERING A POSITIVE ORGANIZATIONAL CULTURE

高效工作

培养积极向上的企业文化

[美] 盖尔 · 布朗宁（Geil Browning）著

卜煜婷／译　闫皓／审校

電子工業出版社

Publishing House of Electronics Industry

北京 · BEIJING

Work that Works: Emergineering a Positive Organizational Culture by Geil Browning, Ph.D.
ISBN: 978-1119387022

版权贸易合同登记号 图字：01-2018-0977

图书在版编目（CIP）数据

高效工作：培养积极向上的企业文化 /（美）盖尔·布朗宁（Geil Browning）著；卜煜婷译 . —北京：电子工业出版社，2019.11
书名原文：Work That Works: Emergineering a Positive Organizational Culture
ISBN 978-7-121-37128-8

Ⅰ . ①高… Ⅱ . ①盖… ②卜… Ⅲ . ①组织管理学－通俗读物 Ⅳ . ① C936-49

中国版本图书馆 CIP 数据核字 (2019) 第 145543 号

策划编辑：刘淑丽
责任编辑：杨振英
印　　刷：北京东方宝隆印刷有限公司
装　　订：北京东方宝隆印刷有限公司
出版发行：电子工业出版社
　　　　　北京市海淀区万寿路 173 信箱　邮编 100036
开　　本：720×1000　1/16　印张：13.25　字数：178 千字
版　　次：2019 年 11 月第 1 版
印　　次：2019 年 11 月第 1 次印刷
定　　价：78.00 元

凡所购买电子工业出版社图书有缺损问题，请向购买书店调换。若书店售缺，请与本社发行部联系，联系及邮购电话：（010）88254888，88258888。
质量投诉请发邮件至 zlts@phei.com.cn，盗版侵权举报请发邮件至 dbqq@phei.com.cn。
本书咨询联系方式：（010）88254199，sjb@phei.com.cn。

赞　　誉

我喜欢这本书！它以广泛的研究为支撑，为读者介绍了 7 条明确的原则，以便学会一种有组织的方法来理解自己，并且帮助他们发展一种注重优异绩效的文化。简单来讲，这本书使读者能够在他们的组织中释放出新的潜力。这本书对我一定有用！

——英国桑坦德公司高级学习主管科斯塔·克里斯托弗

在职场上，语言的影响力让人惊叹！当我的团队开始分享 EG® 中通用的语言时，整个团队的氛围都变了。人们更加包容不同的个性，对不同的视角和交流风格也更加开放，考虑问题更加从全局着眼。EG® 的能力如此强大，以至于已成为指引我们所有人的明灯。

——联合太平洋铁路公司人力资源副总裁谢里·L. 哈彻森

有自我意识、能进行精准和诚实的沟通，这样的能力对领导力、成功和成就感极为重要且并不多见。而本书着重强调了这些东西到底有多重要。这本书中的核心原则堪称书中之珍宝，对那些想要成为这个竞争越发激烈的世界中的主要竞争者的个人和组织来说，无异于一个“全垒打”。如果你没能从这本书中至少找到三样能够积极改变你的东西，我会感到吃惊的。永远如此。

——《华尔街日报》畅销书《激活你的大脑》（*Activate Your Brain*）一书作者、全国演讲家名人堂成员、完全情报公司负责人斯科特·G. 哈尔福德

商业书籍通常都是在良好的研究与深刻的认知的基础上写就的。它与人们的大脑进行交流。本书是盖尔·布朗宁博士的第二本书，它不只在这方面表现出色，它还与人们的心灵、心智和灵魂交流。盖尔博士将她一生之中创造和使用 EG® 的经历生动地展示了出来，创作了本

书。它将使你能够运用 EG® 来建设真正积极的企业文化，打造一个全新的组织。

——EG® 亚太地区和新加坡分公司的共同创始人、企业家约什 · 泰奥

对许多人来说，盖尔 · 布朗宁博士一直是鼓舞人心的榜样，因为她研究和创造了 EG®，成立了 ICAN（职业发展需求机构），如今又研发了 EG® 改造。当代领导人正在尽力创造商业的未来，调动“千禧一代”的兴趣，并且发动利润增长的引擎。EG® 改造是了解你的团队、发展你的公司、在你下属员工所在的社区中与人为善的一个重要工具。

——ICAN 总裁和首席执行官苏珊 · L. 亨里克斯

重视和希望培育人力资源的领导者将从本书中找到令人难以置信的资源。这本书提醒我们要寻找个人的不可替代的贡献，并促使我们有意识地利用不同团队的魔力。本书内容实用且组织有序，它将成为你创建一家高效的公司的指南。

——完全情报有限责任公司负责人马蒂 · 拉尔森

自从 2014 年首次将 EG® 引入并运用到美国联邦政府职员及其合作伙伴身上后，我一直在“拥抱刺痛感”。我发现，这本书是务实运用 EG® 并真正提升“WE 团队”的力量的一种绝对令人难以置信的资源。这本书超强的实用性使得我在开始时就希望自己拥有所有的模板和创意！好极了，盖尔，谢谢你为运用 EG® 的人们提供了一个简洁而强大的辅助工具！

——国防采办大学国防系统管理学院执行采购管理教授吉布森 · 科尔

我们对人类大脑如何高效运行的理解，意味着未来成功的领导者和组织需要重新培养习惯，以便每天、每次会议、每场交谈能更合理地分配时间和精力。这本书引领你去探索。你将完全地享受这个过程并收获回报。你的组织将变得可持续并能进行成功的改革。为将来而运用 EG® 吧！

——英国 First Ascent 集团执行董事大卫 · 塞尔斯

读了这本书之后，我完全重新认识了自我意识的重要性。我对自己偏好的了解，使得我重新采用了一种新的领导方法。我有能力运用 EG® 来改进我的方法，以便更好地服务于身边的人，并且为我们生活的世界做一些事情。

——萨尔瓦多 Latin Top Jobs 公司总裁里贾纳 · 安德鲁

推荐序1

一开始，EG®是作为一个帮助人们解释他们如何思考和行动的工具而推出的。它为一个最复杂的挑战——人类行为——增加了科学客观性。人们具有一些从他们的人生经历中浮现出（emerge）的性格特点，还有一些直接受他们基因（genetics）影响的因素。EG®系统引入了一个简单但并非简化的框架，向人们展示他们如何自然地利用自己的心理能量，以及他们怎样在这个世界上呈现自己。每个人都可以使用EG®剖面图来理解自己和同事。

自那以来，我们见证了EG®逐步发展为积极改变系统文化的一个全面的、可升级的助推器。此外，剖面图不但表明了个人如何估量他们的才能，还让我们了解了更多的知识，以帮助人们展示他们的特质，使他们在职业生涯的各个方面有出色表现，并且用不同的偏好与他人互动。不但如此，我们也将在评价和充分利用职场员工的学识和才干方面更加老练。我们发现，任何事情都可以使用EG®剖面图解释，从围绕某个新项目的方方面面工作进行头脑风暴，到购买一套新房子。

写这本书，目的是帮助引导各个层面的组织营造一种积极向上、卓有成效的工作环境。在驻足观察我们自己的办公室并感受我们自己公司的氛围时，意识到我们已经本能地运用EG®剖面图来指导决策，无论是决定办公室的墙上该喷些什么颜色的涂料，还是决定怎样将我们的工作、工作场所与核心价值观紧密结合起来。简而言之，我们已经用 EG® 改造了我们自己的组织。

用 EG® 来改造组织，是一个认可目标（如建立信任、规划未来、激励创新、激活企业文化）并确保每个目标的各个方面都体现 EG® 概念的过程。这将建设一种重视和支持每个组织最重要的资产——人——的企业文化。

我们用 EG® 来改造组织，以便“校准”组织文化，提高效率和生产力，同时在组织范围内营造一种积极与合作的氛围。书中介绍的这些原则，从超过 25 年累积的研究成果、数据和我们与客户合作的经历，以及我们自身发展的经验中提炼而来。书中的 7 条原则代表了 EG® 国际公司的最佳实践，它帮助读者将我们的概念应用到极致，最好地发挥其作用。

大多数组织生存在一个不断变革的过程之中。用 EG® 来改造，代表着运用一种遍及整个公司的方法，为公司提供一种始终如一的“语言”，帮助员工和团队更有效地工作。这个可为客户定制的过程，能够全面支持任何一家企业的愿景与战略目标的实现。用 EG® 来改造企业，为艰难的任务与主观的话题带去了客观性。EG® 的一个坚定不移的目标是为公司员工创造一种理想的工作环境，在这样的环境中，员工感到受领导者赏识，自己提出的建议能够得到领导者的采纳，并且不害怕说错话和做错事。最后，当人们在工作时保持快乐的心情，并且相信他们所做的贡献会给公司带来更大的利益时，企业文化将变成推动公司发展的关键助推器！

EG® 国际公司总裁摩根 · 布朗宁

推荐序2

建立卓有成效的组织

盖尔·布朗宁博士在她的第一本书 *EMERGENETICS®: Tap Into the New Science of Success* 中对 EG® 原理、不同的思维偏好与行为特质进行了详细的阐述，并对 EG® 在个人、团队层面的应用进行了介绍与说明。本书继续将 EG® 原理深入组织建设中，并将其与领导力、心智交流、公司运作、团队发展等进行结合，以助力形成卓越、高效、积极的工作环境及团体。

本书以“高效工作”为主旨，围绕 EG® 原理，通过 7 条原则对 EG® 在组织中的有效应用进行了诠释。第 1 条原则强调从自身的角度出发，明确自身特质、立场、所追求的状态，以及如何平衡个体与环境。第 2 条原则带领我们看到了组织中，处于各个层级的人的痛点，并提供了有效的思路去面对并化解痛点，让组织环境日渐和谐与舒适。第 3 条原则解决的是沟通问题，作者告诉我们如何使用优雅的语言，如何让语言变得有力量，如何用语言提升正能量，以及如何通过语言去分析人们的特质等。第 4 条原则围绕团队认知展开，介绍了有关合作、企业文化、人员构成、会议开展等的内容，为组建协同一致的团队提供了思路与工具。第 5 条原则提供了一种释放团队潜力的方法，基于 EG® 原理，帮助团队在面临瓶颈时找到突破解决之道。第 6 条原则关注的是员工心态的建设，强调改变员工对于工作的态度，并对公司如何满足各个世代员工的需要进行了阐述，提供了不同特质的人如何去平衡职业与个人事务的方法。第 7 条原则围绕“爱”而产生，介绍了如何做才有“爱”，以及怎样建设一个有“爱”的组织等。

关于运用 EG® 打造高效工作组织的内容，除了作者在本书中和大家探讨的，我们还设计开发了打造高效工作组织的课程——《卓越组织》（课程联系人邮箱：emergenetics@126.com）。通过体验式课程的引领，课程学员可以将相关内容内化成自身经验，进而融会贯通进日常工作之中。

正在阅读本书的你，已经向建设卓有成效的组织又迈进了一大步！EG® 将帮助你化解在工作中遇到的痛点、障碍，将为你提供更多打造团队凝聚力的方式流程，而你也可以了解团队中的成员，并针对不同成员的特质领导团队，从而带领大家走向卓越。

前　　言
什么是 EG® 改造，它将怎样影响你

2008 年 12 月 9 日，我们最大的客户给我们的 EG® 培训业务下达了一个极大的订单,请我们在他们公司内部开展培训。我兴奋地告诉员工，我们甚至有可能躲过美国当时正在面临的金融危机了。

但是我错了。两周后，这家客户打电话给我，取消了那个订单。到 2009 年第一季度末，我们失去了 40% 的业务。

在那之前的 16 年里，我们一直使用自主研发的研讨会来帮助各个组织。在这种研讨会中，员工们可以了解他们的思维与行为偏好。我们帮助他们辨别他们的每种特质如何影响他们的工作、生活及所在的团队。

我们公司的名称 Emergenetics®（简称 EG®）由两个英语单词组合而成，分别是 emerge（浮现）和 genetics（基因）。之所以取这个名字，是因为这样一个事实：我们每个人都具有不同的性格特点，它们从我们的生活经历中浮现（emerge）出来，而其中一部分则是我们的基因（genetics）表达的结果。我们向每位员工发放一份 EG® 问卷调查，给他们的答案评分，然后成功并且科学地确定他们每个人独一无二的特质。我们还为他们提供个性化的、用颜色编码的 EG® 剖面图，这些剖面图不仅直观地图解了他们的偏好，还将结果与全球人类进行对比（关于 EG® 剖面图的更多详情，参见 www.emergenetics.com 网站，或者

查阅我们的技术报告）。你还可以参考我的第一本书 *EMERGENETICS®: Tap Into the New Science of Success*。只要人们更好地了解了自己，并且和别人分享他们的剖面图，一些奇妙的事情就会发生。

在历经数年且评估了数十万人之后，我们证明了一个事实：当各个组织招聘胜任的员工、把他们放到合适的 EG® 团队中、为他们建设 EG® 文化，便可以增强该组织的创新和生产力。我们的研讨会取得了巨大的成功。然而，金融危机迫使我们不得不问自己："这些难道只是'最好知道，不知道也无妨'的信息？在金融危机持续的背景下，EG® 要如何扭转乾坤？"

当我的团队和我围绕新经济将何去何从展开头脑风暴时，有个人说道："嗯，我们在自己的办公室里做什么啊？"

它适合我们，适合我们的客户，也将适合你

到 2009 年年底，我们的业务量开始反弹，整年的业务量只比 2008 年减少了 20%。我们认为，这种局面之所以出现，是因为各公司甩掉了他们的"赘肉"，开始在培训留下来的领导者方面加大投资。

而我们可以帮助这些公司。在过去的 7 年里，我们跻身 *Inc.* 杂志的 5 000 强名单之中。2014 年，我们被评为科罗拉多州发展最快的公司之一。随着我们在美国丹佛市、科罗拉多州及纽约市取得成功，我们继续在国际上扩张，在新加坡、伦敦、开罗和巴黎同样也很成功。我每年大部分时间都在空中飞来飞去，从我们位于丹佛市的办公室到世界各地的目的地，向客户发表演讲，视察我们在爱尔兰和新加坡的 EG® 分公司，并且慰问分布在美洲、非洲、亚太地区、欧洲和中东的代表。我开始意识到，尽管世界各地的人们语言和风俗习惯有所不同，但驱使人们行动的因素全都一样。事实上，那些人就是对我们业务的增长

极有帮助的人。

而美国的企业主和员工都面临着同样的问题：

- 热爱自己工作的员工不到1/3。但这些员工在工作上才能称为积极主动。在过去15年里，积极主动的员工的数量没有增加。
- 一项研究发现，82%的员工并不相信他们的老板向他们透露了公司的实情。
- 接近一半的员工只是在忍受他们的工作。
- 大约17%的员工讨厌他们的工作，并且会想方设法中断他们手头上的任务。
- 多达91%的员工说，他们曾经有意地换过工作，目的是摆脱之前的管理层的管理。

这些统计数据表明，许多公司需要把事情做得更好些。首先，需要理解员工不快乐所带来的危险与代价。我们在EG®国际公司的商业模式是确保每位员工都得到理解、重视，工作能积极主动，并且尽可能健康和有成效。怎么才能让各公司在其运营和决策中意识到EG®的价值呢？怎样才能帮助公司改造企业文化，以化解这种失控的不满呢？

是什么使得EG®不同寻常

- 我们的方法是包容的、多样化的、鼓励合作的。
- 我们根据员工的EG®剖面图来提升员工能力，鼓励他们发挥自身的优势以获得成功。
- 我们确保每场演示都吸引各种类型的人。
- 我们确保每次会议都基于认知的多样性。
- 合作及在团队中工作是我们企业文化的一部分。
- 我们重视我们的同事及他们独特的才华——也就是说，即使他们与我们不同，我们也珍视他们的独特才华；同时，因为他们与我们不同，所以我们珍视他们的独特才华。

- 我们公司是一个其他人想来工作的地方，因为我们不会着重强调服从。
- 我们致力于让员工实现职业发展。
- 我们倡导积极主动、忠诚及热情。
- 我们把员工的幸福、安宁摆在首位。
- 我们坚持放眼全球。
- 我们谋划未来，而不是简单地一头撞进未来。
- 我们欢迎变革，并且接受这样一种理念：预料和掌控变革，是致力于推行行之有效的措施的一部分。
- 我们有自己的不带偏见的语言，即优雅的语言，每个人都使用这种语言，以确保营造积极的工作环境。
- 我们根据自己的 EG® 精选剖面图来招聘新员工，这种剖面图评估什么人最有可能在可提供的岗位上取得成功。
- 在新员工入职时，无论新老员工，人人都分享他们个人的 EG® 剖面图，目的是让所有人都清楚我们的思维与行为方式。
- 我们承认我们在某些方面还有改进的空间。
- 我们对不断变化的市场环境的响应是创造性的、创新的、灵敏的。
- 我们意识到，所有这些都有助于提高公司利润。

热情、工作效率及利润都将随着人际互动的增多而提升

用 EG® 来改造企业，不可能通过公司办公室的备忘录来实现，也不可能通过把公司的所有领导者召集到会议室，开展一天扎实的 EG® 培训来实现，而是需要下定更大的决心。尽管把领导者召集起来进行

EG®培训不失为一个好的开端，但仍然需要持续地投入到新的企业文化的创建中去。

一方面，假如你不接受这些概念，也要尝试着在足够长的时间内走出你的舒适区——我们称为体验刺痛感，并且在足够长的时间里最真诚地努力按照这本书中的指南来做。如果你无法与这些原则中的任何一条产生积极的关联，那么把这本书送给别人，因为你还没有做好掌控企业未来命运的准备。

另一方面，如果你对成功地运用EG®来改造你的团队、部门或公司很感兴趣，想了解更多，我鼓励你继续读下去。作为一位首席执行官、主管或直接下属，你占据了运用EG®改造公司的最有利位置。这本书为那些杰出的领导者而写，他们将把这些原则传授给他们的直接下属，而他们的直接下属又将它们继续传授下去，以此类推，直到公司中的每位员工都理解了他们新的企业文化。在这种文化中，每个人的工作都是透明的、有目的的，而且是为了所有人的利益着想的。

如果你还在考虑采用一种最佳方法来使你的领导风格面向公司的未来，对“千禧一代”保持兴趣，提升公司的利润，那么这本书可以作为你的新的领导力教练。

目　录

第1条原则

领导是一项关乎内心的工作

了解你自己

关于领导力主题的文章和研究论文多达数千篇。这第 1 条原则是关于身为领导者的你的：你的价值观、你的思维与行为方式将怎样影响你的行动及你与员工的交流。

让我们首先提出三个普遍的问题：

1. 你是什么样的人？

2. 你热爱什么？

3. 你如何在一个混乱的世界中恢复平衡？

当能够回答这些问题时，你也就做好了思考如何当一名领导者的准备。

你是什么样的人

我们生活的世界比以往任何时候都更透明。互联网使得人人都可以前所未有地访问海量的信息，进行无限的探索。

人们利用这些信息来做各种事情，从检查皮疹到发起政治运动。运用互联网这个通向世界的窗口，老练的用户可以钻研最先进的研究成果和机密信息，即使最基础的用户，也学会了在购物付款或签约之前先对要购买的商品和服务进行一番研究。外出吃饭时，他们会在线搜索一下餐饮的评价如何。如果评价不高，他们会转到另一家餐馆。如果评价很好，他们会继续研究下去，并且找到餐馆的菜单。

想一想你最近购买的大件商品。我愿意和你打个赌，在购买之前，你一定获得了关于你想买东西的大量信息，了解了你可以在什么地方购买，并且根据对你所在地区甚至全国范围内同一种商品价格的对比情况，合理地预期你可能要花多少钱。

难怪潜在的求职者也在做同样的事情。如今，我们比以往更容易发现职场的背后到底隐藏着什么。各种各样的信息在网上随时可用。谁经营这家公司？他们有着怎样的背景？公司是否曾卷入任何诉讼中？公司怎样对待其员工？薪酬水平如何？工作条件怎样？有哪些福利，如医疗保险？公司是否支持继续教育？是否达到了更高的要求？

同样，研究不同的人将怎样进行领导也不是一件难事。伯纳德•麦道夫能够从投资者手中骗去数十亿美元，是因为投资者认为他们了解他。他们在投资之前并没有核实麦道夫的财务状况。如果核实了，就不难发现一些极其危险的重大警示信号。透过互联网这扇窗子，可以清晰地发现原本藏而不露的危险信号。

透明度是领导力的关键支柱。现如今，领导者处在公众视野中，只要人们花时间去观察，就一定能找出许多有用的信息。你是否考虑过他们会发现些什么？你有没有意识到你在办公室里怎样扮演你的角色？人们是不是觉得他们真正了解你是什么人，你代表谁？你的真诚有没有在你的领导风格中得到体现？

理性的人们不会认为领导者都是英雄。他们只是想知道，自己是否可以信赖领导者，领导者是否将他们的利益放在心上并且为更大的整体谋取福利。他们可能料想自己可以迎着初升的朝阳去某个地方上班，这个上班的地方，最好是弘扬各种美德的地方，如诚实、责任、尊重、合作、信任、对未来的憧憬等。

自 1982 年以来，我的两位同事——卡罗尔•亨特和蒂姆•劳斯，和我一同发起了一个反复执行 12 天的领导提升计划，并用了 9 个多月来呈现。该计划获得了职业发展需求协会（Institute for Career Advancement Needs，ICAN）的资助。起初我们声明，该计划的目标是指导具有强大潜力的高管提升领导力。最后我们发现可以帮助他们和自己，想清楚自己到底是什么样的人。

那时，各个公司对这种能力提升机会几乎没什么兴趣。我们走到高管的办公室宣传这一理念时，多次遭到白眼，或者遇到类似这样的回应："谁会在乎别人的感受？这怎么可能帮助他人来完成工作任务？"不过，有的公司也确实接受这一理念，少数几家公司由于受到政府的管制被迫提升领导者的能力，所以我们能够在这个领域中大展身手。

我们推出了一个名为"影响力"（Influence）的计划，只针对女性领导者。只要职场中有女性走上领导者的岗位，我们便向其推行该计划。计划成功实施 3 年后，有一次，我在职业发展需求协会理事会上介绍这个计划，奥马哈西部电力公司的总经理说道："如果这个计划如此宝贵，为什么你不针对男性领导者也推行呢？"于是，在 1985 年，我们启动了一个针对男性领导者的计划，名为"焦点"（Focus）。

在过去大约 40 年的时间里，我见证了几代领导者顺利通过"影响力”和“焦点”计划，在他们的组织中，升职人数超过了 2 500 人。每代领导者在第一天做自我介绍时，通常会从大致相似的角度来介绍。

- 20 世纪 80 年代，无论男女，这些领导者首先会说：“我叫帕特·史密斯，在 XYZ 公司工作。”
- 20 世纪 90 年代，他们会说：“我叫帕特·史密斯，在 XYZ 公司工作，我婚后生育了两个孩子。”
- 21 世纪初，一个值得注意的转变开始出现。如今的自我介绍是这样的：“我叫帕特·史密斯，我爱的人包括我的人生伴侣克里斯、我的孩子艾米莉和南森，我还喜欢我家的德国牧羊犬……哦，对了，我在 XYZ 公司工作。”

显然，这些极具潜力的领导者开始把他们工作以外的生活看得至少与他们的工作同等重要，甚至更重要。这种趋势在整个职场中十分普遍（关于这一点的更多内容，将在“第 6 条原则：让员工为工作而生活，而不是为生活而工作”中阐述）。我相信，人们从朋友与爱人那里期待获得的价值观（忠诚、可信任、真诚的关心及对未来的憧憬），正越来越多地渗入职场。随着职业场所变得越来越像家庭，人们也渴望领导者同样具备这些品质，而公司的资产负债表上体现出来的东西越来越不能代表公司的价值观。组成公司总价值的传统资产（如办公楼、机器、零售场所、声誉、受关注度），正在被无法直接量化的人力资源的价值所替代。创新、团队合作、生产力、懂得变通等，都是有助于公司在商业环境急剧变化的动荡时期保持快速应对的真正资产。

看一看那些最近破产的零售商，如曾在百货商场里经营商店的商家，如今那里已经人去楼空了。这些商家很可能还在使用陈旧的成功模式，包括“看得见摸得着”的实体商店，以及招揽购物者。他们依然把商品运过来，摆放到货架上，却丝毫不关注他们自身的品牌和员工，或者一般购物者的体验。一方面，这些商家忽略了品牌的培育和对员工的投入；另一方面，其他的商家则在树立品牌忠诚度、投资于员工能力的提升，并且注意到越来越多的购物者选择网络购物而不是到实体店购物。财产的积累并不能拯救传统的商店，同时，他们自身的行业都遇到了结构性的变迁，而他们并没有对这种变迁做好应对的准备。

领导者的职责是充分利用公司最大的但尚不确定的资产——人力资源，并且引导员工成功地度过当今社会中发生的各种变革。你有没有注意到现实世界中正在发生什么，并将其转变成对未来会发生什么及这些将怎样影响为你工作的员工的洞察，取决于你自己。

你对自己了解多少

是什么使你成为独一无二的领导者？为什么你成为领导者，而你的邻居却只能卖床垫？你的思维过程、你的判断、你的行为、你的人际关系等，都有哪些独特之处，使你能够掌控着几十人、数百人甚至数千人的生计？要想取得成功，核心是从内而外地了解你自己。

我们了解自己的方式包括自我探索、了解我们的血统、审视我们的价值观和道德观念，并意识到我们在哪些方面与别人一样（以及不一样），等等。只有当意识到我们和他人有着怎样的不同，我们才可能赏识和珍视他人。说到底，我们必须设法理解我们的行动怎样制造了我们经历的各种问题。运用 EG® 剖面图，可以更快和更轻松地进行这种个人反省。

在 EG® 剖面图中，我们准确地指出了每个人都拥有的 3 种行为特质（表达特质、坚定特质和变通特质）及 4 种思维特质（分析性思维、结构性思维、人际性思维、概念性思维）。每位领导者运用这些行为和思维特质的方式都是独一无二的。有了 EG® 剖面图，一切皆有可能。

这就是这种方法的乐趣。没有人打算把数千个人限定在一个框框之中。你有你自己独特的剖面图，因为你就是一片珍贵的雪花。好了，这是开玩笑的，但我的意思是，你是独一无二的，因此你的剖面图也独一无二。

如果你已经生成了 EG® 剖面图，可以在这里回顾它的 7 种特质。如果你目前还没有剖面图，我建议你现在就开始生成。转到本书的“附录”，那里有一个带形容词的剖面图模板，可以帮助你识别你的偏好。将描述你的特点的形容词圈起来，应当有助于理解你的 EG® 偏好。如果你还没有剖面图，一定要采纳这些内容中的建议。在阅读本书剩下的内容时，你需要了解你的剖面图。

此外，你可能有兴趣了解那些经受了按照教育和心理测试标准严格测试的所有 EG® 工具。(想要了解更多这方面的内容，请登录网站 www.emergenetics.com，查阅相关技术报告。) 本书的“附录”也包含“剖面图概览”，对每种更加常见的剖面图进行了图解和描述。

现在，你要么利用网上的剖面图，要么自己生成剖面图，在剖面图的帮助下阅读对特质的描述，使自己熟悉它们。

行为特质

行为特质按照百分位数来打分。这意味着，你在问卷调查中的关于行为问题的答案，将与全世界的其他所有人的回答进行对比。数值的范围从 0% 到 100%，分为三个区域。多年来我们发现，将人们按 1/3 来分组是比较合理的。

行为特质可由他人来观察。记住，填好了网上的 EG® 问卷调查后，它将根据你的回答，为你的每种特质分配一个百分位数。行为特质被分为三个 1/3（见图 1-1），也就是三个区域。

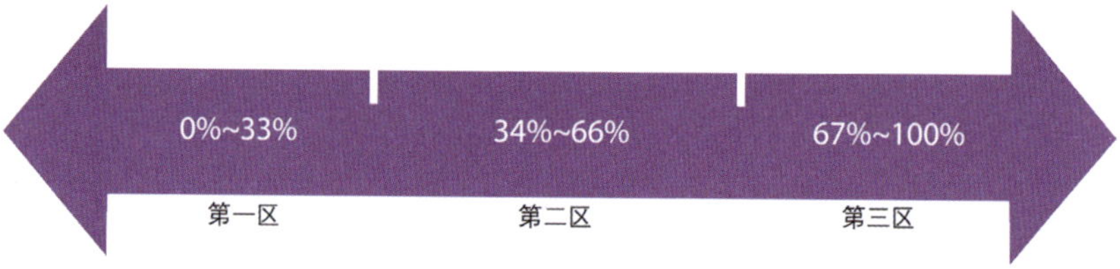

图 1-1

- 33% 的人将归入第一区中（他们的数值介于 0%~33%）。
- 33% 的人将归入第二区中（他们的数值介于 34%~66%）。
- 33%（实则为 34%）的人将归入第三区中（他们的数值介于 67%~100%）。

如你将在“第 3 条原则：使用优雅的语言”中读到的那样，我们从来不会把频谱上任何一个部分的人们描述为失去了某样东西或者拥有太多某样东西。是多少就是多少，没有关系。你也从来不会看到诸如“表达特质不够”“不够坚定”或“不够变通”之类的描述。相反，我们会说安静、平和或专注。作为一条捷径，我们用区域来表述，例如：“她在变通特质的频谱上处在第一区”，或者“他在表达特质的频谱上处在第三区”。同样，你也看不到“极富表达特质”“侵略性强”或“懦弱”之类的短语。这需要花点儿时间来适应，但从直觉上十分合理，很快你就会在自己甚至都没有意识到的情况下脱口而出“第三区”。

第二区中的人们身上发生了什么？这取决于当时的情况，这 33% 的人可能以两种方式中的任何一种来展示他们的特质。我们称他们为“适应型”的群体。

首先来看你的表达特质。你是对和人们一对一交谈感到更适应，还是对在台上演讲感到更适应？你是更像一个内部信息处理器，还是更倾向于某个想法只要刚从脑海中冒出，就会直接从嘴里蹦出来？你是寻求只和少数几个人有更深入的交往，还是和许多人同时交往（既有深交，也有泛泛之交）？如果你针对每个问题的前半部分回答“是”，你很可能在**表达特质**的频谱中处在安静和更内向的那一端。你的优势是：在说话之前先花时间思考，会很好地倾听，在面对艰巨的挑战时表现得沉着冷静。

你是不是更爱交际和更外向？那么，你在**表达特质**的频谱上可能会被归入第三区。许多人可能认为你精神焕发、热情洋溢，甚至喜欢炫耀。你的优势是：你令人信服，能够把很多人推上台面。

其次来看你的坚定特质。在坚定特质的频谱中处在平和这一端的领导者往往具有平和的神态，会花时间倾听他人的观点。他们不会对任何事情感到十分兴奋，但不应由此推断他们并不在意别人的观点。在坚定特质的频谱上处在第一区的人们可能也非常关注他人，但他们不会好比房子着了火似的慌慌张张地跑来跑去。坚定特质与**表达特质**是有区别的。如果你偏爱当一名自然的和平卫士，不要害怕说出你的观点。你很有可能仍会以尊重他人的方式说出来，因此，没有人会觉得你恃强凌弱。

在坚定特质的频谱上处在推动一端的领导者将用满腔的热情来表现他们的风格。他们这种干劲十足的劲头儿，让你能准确地知道他们持什么样的立场。如果你具有竞争力并且坚持不懈，要确保不会使他人感到难堪，并且努力以尊重的方式达成共识。

最后来看你的变通特质。你怎样把事情做好？你的变通特质不但决定着你多么开明地对待其他人的观点，而且决定着你在不确定或不断变化的局面下取得成功的能力。如果你在变通特质的频谱上处在第一区，你很可能专注而坚定。对你来说，改变是困难的。高效的领导者意识到，不论他们欢不欢迎，改变总会时常发生。当你面临并购、在全公司范围内更换软件或员工流失率很高等一些不确定的局面时，你可能短暂地打乱你的日程安排——但是，感到刺痛（参见“第 2 条原则：拥抱刺痛感”）是你在学习的一个健康的标志，也是你的公司正在适应当前局面并展望未来的健康标志。为了展示你的变通特质，要转到你的**分析性**偏好上来，并且提醒你自己，某一特定的改变为什么会出现，以及它将产生怎样的奇妙效应。

如果你在变通特质的频谱上处在第三区，你很可能欢迎变化，并且对拥有众多的选择感到精神满满。你可能适应能力强，不介意中断。尽管对你来说，讨论所有人的创意是件重要的事情，但你的团队中那些更加专注的员工可能挫败感很强。你不可能永远推迟做出某个决策，所以说，最终还是必须去做。

思维特质

思维特质依照你的独特大脑及不同的特质之间怎样相互联系而测量。在思维特质的案例中，你的百分位数的总和将转换成百分比，以便生成一个饼状图。如果一种思维特质在你的饼状图中占据 23% 或更多，那我们认为该特质是一种偏好。（如果你的饼状图中某一特质的占比为 22%，那么我们认为你在那一种特质上是“功败垂成”。）在同一时间，你可能拥有四种思维偏好中的一种到四种。

分析性特质（其示意图见图 1-2，其示例剖面图见图 1-3）是有逻辑的、以数据驱动的、理性的。它是大脑中询问“为什么”的客观而讲求事实的那一部分。具有**分析性**思维偏好的领导者希望他听到的、说的和做的一切都以事实和测量结果为依据。**分析性**思维是批判的、怀疑的，并且有一个可靠的和演绎的思考与推理过程。这种思维并不满足于对表面现象的描述，而是想要深入研究事物。具有这种思维偏好的领导者期望在职场中表现出同样的严格。他们的特质写照是：“我们只相信上帝，其他所有人都必须带着数据，才能让我们相信。”谈到**分析性**领导者，只有 1% 的人以这种偏好为单一主导偏好。

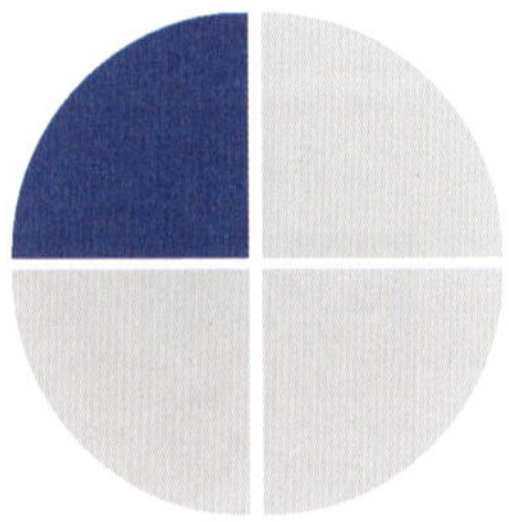

图 1-2

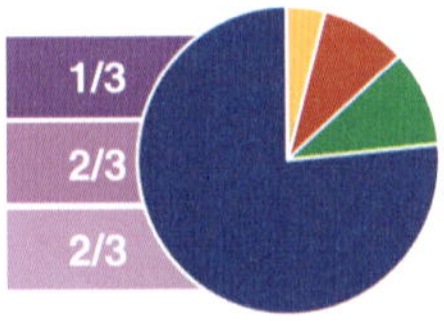

图 1-3

结构性特质（其示意图见图 1-4，其示例剖面图见图 1-5）以过程为驱动。它是你的大脑中考虑细节、可复制的指导方针或框架的实践部分。它喜欢规则、实用性，以及各种类型的连续顺序、数字顺序或字母顺序。它给混乱带来秩序，并且问道："我们怎样可以完成这件事情？"具有结构性特质的领导者的特质写照是："我当然看起来不忙啦，因为我一开始就把事情做对了。"只有 6% 的人以这种偏好为单一主导偏好，其他人则兼有其他特质的偏好。

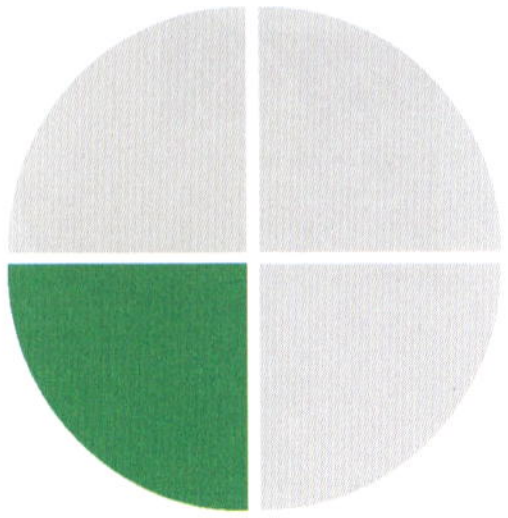

图 1-4

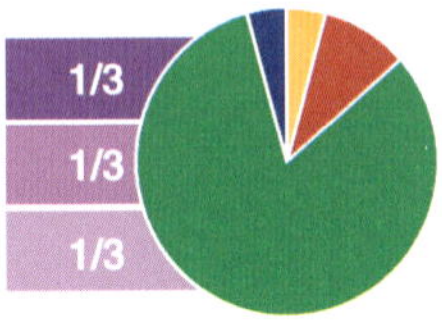

图 1-5

人际性特质（其示意图见图 1-6，其示例剖面图见图 1-7）是合作的、注重团队的、以人际关系为导向的，渴望通过人来把事情做好。具有这种偏好的人能够将创意和工作与人的要素结合起来。他们在决策时咨询他人，同时也运用内心的直觉。他们的特质写照是："我运用直觉了解我身边的人。"只有 1% 的人以这种偏好为单一主导偏好。

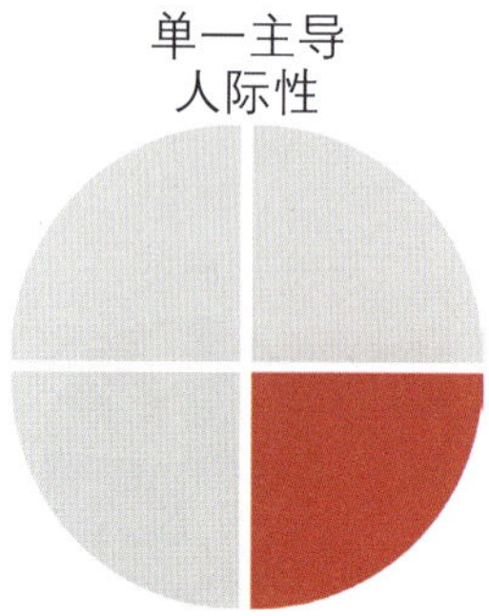

图 1-6

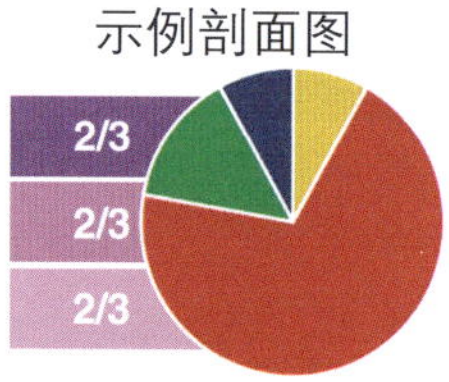

图 1-7

概念性特质（其示意图见图 1-8，其示例剖面图见图 1-9）更喜欢抽象的观念、想象、创新和愿景。这一大脑通路对更宏观的局面有着敏锐直觉，是一种着眼长远思考的倾向，一种试验和发明新事物的渴望。具有这种特质的人的特质写照是：“我感觉自己像个外星来客。”只有 2% 的人以这种偏好为单一主导偏好。

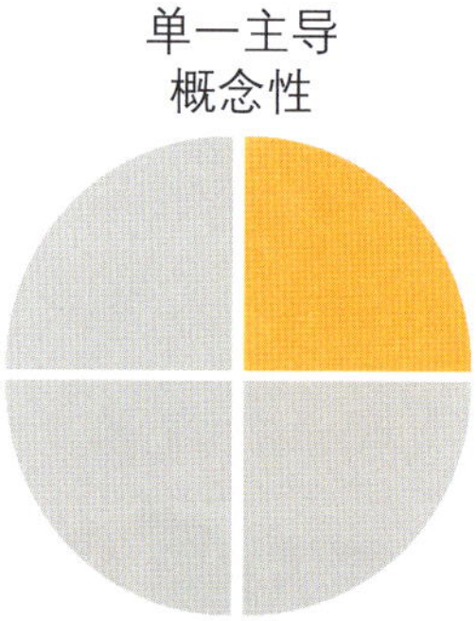

图 1-8

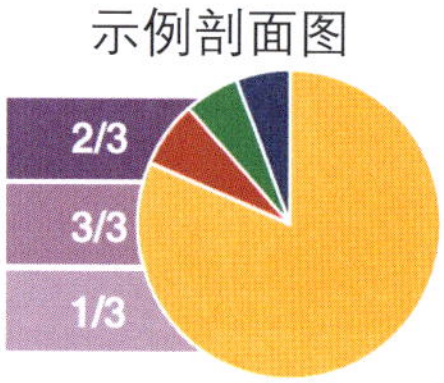

图 1-9

每种思维特质都独特地结合了抽象的、具体的、收敛的或发散的思维。在图 1-10 中，上方的两种思维特质都是抽象的，而下方的两种都是具体的。与此同时，左侧的两种思维特质都是收敛的，而右侧的两种都是发散的。每种思维特质都独一无二，但也与其他的思维特质相关联。

抽象的、具体的、收敛的和发散的思维

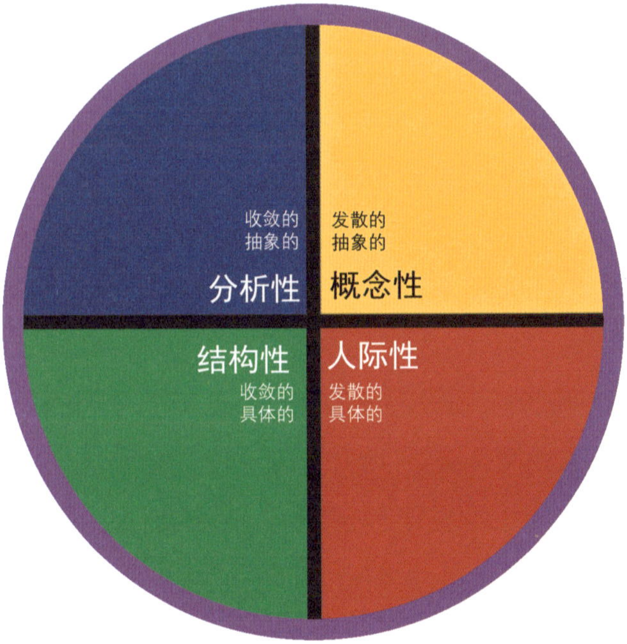

图 1-10

- 抽象的思维理解系统和概况。抽象性思考者在考虑问题时，想象他们坐在飞机上俯瞰森林。
- 具体的思维理解细节和功能。具体性思考者在考虑问题时，想象他们在森林中行走并一路数着森林中有多少棵树。
- 收敛的思维更喜欢实用和理性的事情。这种思维运用从已知的事物中得到证实的事实与数据来寻找正确答案。
- 发散的思维更喜欢直觉、情绪、人与人的团结协作，并且喜欢不走寻常路。这种思维根据已知的事物进行发散，以识别某个独特的解决方案。

适合你的领导剖面图，就是完美的

在 EG® 国际公司中，并不存在某个完美的领导剖面图。让我感到抓狂的是，有的人断言，对高效的领导者来说，重要的是有外向的个性或高度的侵略性。我们曾看到过一位知名的企业家的 EG® 剖面图，他的行为偏好与全球人口进行对比时，属于安静的、平和的、专注的。很多人的剖面图表明，他们在行动中迸发的精力只是中等程度的。另一位知名的首席执行官的剖面图表明，他的行为是爱交际的、干劲十足的、肯通融的。

领导力不仅仅意味着要了解你自己，你首先要认同这个词蕴含的意思。了解你的独特思维偏好，意味着你会将自己的精力全部投入某些类型的任务中去，还意味着你可能看似偶然、实则故意地忽略那些与你不具备的思维偏好相关联的任务。尽管你可能并不偏爱某种特定的特质，但这不是你彻底不参与那些活动的借口。在 EG® 国际公司中，我们有一句口号：不要抱怨！我们的意思是，如果你不喜欢你的剖面图，或者你认为，由于某种特定的特质并非你的偏好，所以你就可以忽略它，那么你想错了。不偏爱某种特质，并不是不去完成那些任务的借口。好比你不戴眼镜去读一篇文章，你也能读好，但你可能感到更困难一些，并且更难聚焦自己的目光。

成为领导者，部分地在于对你的剖面图了如指掌。我们生活的世界，人人都希望我们拿出自己的成果来获得成功，而经常有人要求我们做自己并不喜欢的事情。最后，成功的关键一步是知道我们的优势在什么地方，需要别人帮助的又是哪些方面。

杰夫是一家《财富》500 强公司的总裁。该公司运用 EG® 已经超过一年时间，我们对员工做了一次调查，以评价杰夫的表现。后来，杰夫请我们跟他谈一谈调查的结果。我们当然同意了，并审阅了 25 名参与调查的员工收到的调查问题及他们的回复。在 EG® 国际公司中，我们常见的做法是借助 EG® 模板来过滤类似这样的调查回复。例如，“他真的关心员工”这样的回复，通常表明他与人际性偏好相关联；“他坚持大家已经一致同意的做法”这样的回复，则被认为他在变通特质的频谱上处在第一区。当你以这种方式来归类这些调查的回复时，它们更能反映问题，也更具有实用性。

对杰夫来讲，无疑就是这种情况。他是一位人际性 / 概念性的思考者（其剖面图见图 1-11）。杰夫从同事那里获得的每项正面反馈都反映了他的 EG® 剖面图。类似“他懂我”“他对未来怀有美好的憧憬”“他可以从大局来思考问题”“他和蔼可亲”“他知道什么时候该说，什么时候该听”之类的描述，全都从正面体现了与他的剖面图相关的内容。但是，这些评论也很有可能归入相反的特质或者杰夫并不偏好的特质之中。我们也看到了类似这样的评价：“他得事先发一份议程”“他需要用更多的数据来支持他的观点”“他主持的会议往往持续三小时”，以及“有时候，我们只需要一个决策并继续下去”。

杰夫的剖面图

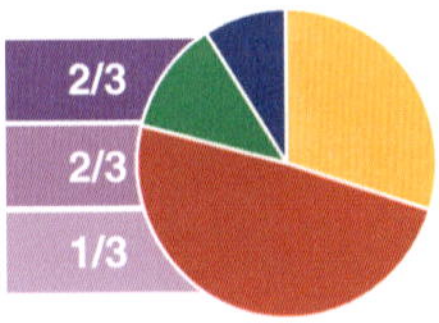

图 1-11

当我们将调查回复整理到模板之中并和他的剖面图进行对比时，杰夫好几次感到恍然大悟，意识到自己有一种天生的趋势：在潜意识里希望获得团队的认可。领导品质显露出来后，杰夫问我们：“我怎样才能继续发扬员工们在这些调查中辨别出来的那些好的方面，以及怎样尊重我的团队，并通过他们的 EG® 偏好来最大限度地调动他们的积极性呢？ 25 名员工都拿出最好的业绩，远比只有我一个人以最好的表现工作强得多。”

杰夫手下的中高层管理人员拥有一个类似这样的团队剖面图——在许多方面恰恰与他自己的剖面图相反。为了满足团队截然不同的分

团队的剖面图

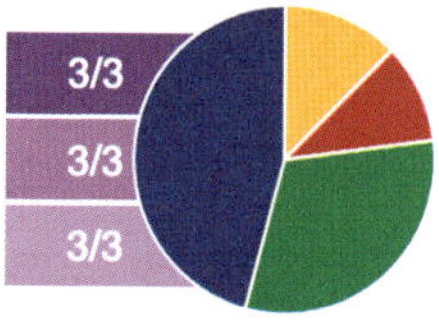

图 1-12

析性 / 结构性思维偏好（其剖面图见图 1-12），也为了满足团队成员的行为偏好，我们为他精心设计了一种定制的方法，以充分利用团队中其他成员的优势，用这些优势来与杰夫的偏好形成互补。

这个故事的关键在于，杰夫愿意认真地接受这种反馈，而且这一反馈也值得人们认真接受。此外，EG® 框架使他更容易将人们的评价归类并确定一些方法来解决将来的担忧。

回到 20 世纪 80 年代，当领导者听到同样的反馈时，更加常见的是辩解称："这不是我的问题，这是他们的问题！我是老板，我的团队需要适应我的领导风格。"在此给杰夫点个赞！

你热爱什么

你热爱你的工作吗？大部分成功人士都会受到工作的吸引，工作使他们精神抖擞、兴奋异常，但这并不意味着他们的工作一定与他们的爱好相一致。

一次，我参加一场大会，在中途休息时，大会主持人问了我们一个问题："你爱你的工作吗？为什么？"接下来让我们围着房间走，说出我们的答案。

随着人们绕着桌子开始走起来，我突然想到，每个人心中都有一种强大的压力来用他们认为房间里的其他人想要的方式回答问题。没想到，我真的听到一个人回答说："是的，我爱我的工作，因为再没有什么事情比用轨道来运输沥青更让我感到兴奋的了！"

我在凝神思考这句特定的表达背后的真相时，它使我反思，我到底热爱我的工作的什么方面。我是因为工作的传统性质而热爱它，还是因为别人驱使我，而这份工作恰好是获得这种真正的热情的途径而热爱它？如你将看到的那样，这个问题的答案在很多方面让我感到吃惊。

我鼓励你对自己实话实说，在安静地反思时问自己："我热爱自己的工作吗？"不论你怎么回答，我都邀请你进一步探索你为什么热爱或者为什么不热爱。

我打赌，不管这个简单的练习向你揭示了什么，都会让你感到吃惊。你可能会说一些这样的话：

1．我爱这家公司及它代表的东西。

2．我相信我们的使命。

3．我喜欢帮助他人。

4．这项工作激发了我对数字的热情。

5．我将涉足未知的领域。

6．我们处在高科技的前沿。

7．我喜欢使业务发展壮大。

8．我乐于保持一致性。

一旦你探索了这个问题，并且说出了你热爱工作的原因，接下来我会再进一步，把你的答案与你的剖面图进行对比。你的回答与剖面图中体现的是不是一致？有可能两者不会始终一致，但没关系。不论其结果是什么，你在探索为什么两者完全一致或不完全一致时，总会发现一些价值。

这一练习使你清楚地看到你的努力，并最终使你能带领他人踏上追求他们热爱的工作的道路。只要你与自己的直接下属讨论了这一职业道路，你就将帮他们在整个公司范围内追寻他们自己的热情。这么做的价值，再怎么强调都不为过。

有一次，我正在向一家会计师事务所的老板讲述她的特定的 EG® 结果。我吃惊地发现，她的剖面图表明她是一位人际性 / 概念性的思考者，而她的行为则显示她是爱交际的（表达特质）、推动型的（坚定特质）及欢迎变化的（变通特质）。对于一个将大部分时间用来与数字打交道、编辑电子表格、研究数千页的美国税收法律的人来说，你不会料想到她居然会是有这种剖面图的人。

我问她："对于当一名会计师，你热爱这项工作的哪些方面？"她告诉我，她最热爱的是，她是公司的创立者。"我喜欢帮助别人并为我的客户提出具有创造性的（但是是合法的）解决方案。特别是，当我向他们介绍创新的方案来解决他们特定的税务难题时，我喜欢看着他们的脸。"

多年来，我接触过许多会计师，很多时候，他们有着完全相反的剖面图——安静的、平和的、专注的（分析性/结构性）。我问这些人热爱他们工作的哪些方面时，听到过类似于"我喜欢和数字打交道""我喜欢成为解决问题的能手""这项工作中有一个合理的推论"，以及"这项工作有一定的可预见性"等回答。工作可能大同小异，但通过人们的剖面图而了解到他们独特的热情，则是件好事。

我们可以做些什么来改变人们对工作的热爱方式呢？鲍勃•查普曼在他的贝瑞威米勒公司中想清楚了这个问题。你可以在他的畅销书《每个人都很重要：像对待家人一样关心员工的非凡力量》（*Everybody Matters: The Extraordinary Power of Caring for Your People Like Family*）中读到这些。他的公司使用"管理工作"（stewardship）这个词来描述其领导方法。

> 对我们来讲，管理工作意味着真正的关心，以及感到我们对领导过程中接触的人们负有深深的责任……管理工作意味着超越简单商业道德的责任心，它指的是我们遵从自己的内心而行动。管理工作还暗含信任与选择的自由，我们并不强迫或命令追随者，而是鼓舞和引领他们。它并不涉及对他人运用权力；而是一种服

务的机会，一种通过他人并和他人一起运用权力的机会，以便服务于更大的福祉、服务于共同的愿景和组织目标，并且服务于组织中的员工……我们想尽一切办法来营造一种氛围，让员工可以意识到他们的天赋、运用和提升他们的才干，并且对他们的贡献所带来的成就感产生真正的满足。换句话讲，贝瑞威米勒公司所从事的业务是改善人生。

他们从事的业务是构建资本设备并提供设备管理咨询！鲍勃热爱他的工作。他关心自己的员工，而员工们喜欢上班，并且为贝瑞威米勒公司工作时，好比这个大家庭中的一员那样。

作为一位经理，知道了这些信息对我来说是巨大的优势，以便我鼓励和引导员工去做那些他们投入最大精力的事情。同时，当他们热爱自己的工作时，那这份工作就会很少给他们带来工作的感觉（而是让他们感到是自己的爱好）。

因此，你有没有问过你的员工同样的问题？你是真的认为员工热爱他们的工作，还是只得到了一些他们认为你想听到的回复？此外，你可以在他们的剖面图中看到这些回复吗？

最后，这个过程可能将你引向这样一个结果——你听到员工们的回答是：“我对用轨道运输沥青感到痴迷不已！”

你如何在一个混乱的世界中恢复平衡

在一个混乱的世界中恢复平衡，首先要从你自身恢复平衡开始。

1999 年，我的朋友乔安妮•列克莱尔邀我到肯尼亚去旅行，加入她的一项非营利活动。如今，该活动的名字叫“肯尼亚女童教育基金”。我们的目的是为那些感兴趣的个人提供不一样的体验，他们愿意全心全意地、富有同情心地帮助肯尼亚的孩子们，那些孩子许多都是艾滋病病毒感染者。对富裕的旅行者来说，到那里去，目的并不是搞一次生态旅行，而是致力于长期帮助那个地方的孩子们，尽管这个地方的人们生活贫困，但可以教我们许多东西。

多年来，我丈夫和我每隔两年就去一次肯尼亚，我们带上一些有兴趣从事这项事业的高管和我们同行。起初，我以为我们的目的是改变肯尼亚孩子的生活。但我很快意识到，这些旅行旨在改变自己，以及我们同行者的人生。对我来说，这让我有机会直面我自己的阴影，并最终给我自己带来平衡。

和我们同行的一位高管名叫马修•威尔森，他是英国保险集团的首席执行官，该公司的总部位于伦敦。马修飞到肯尼亚首都内罗毕，视察了由他的公司出资建造的宿舍。宿舍位于基贝拉的一所学校内，这里是非洲最大的贫民窟，紧邻内罗毕市中心，人口超过 100 万。这里工资收入很低，缺少电力、自来水和排水设施等基本服务。

到了晚上，我们聚在一起反思我们的经历。马修在反思时对我们说，他对自己公司的成就感到自豪，他在组织中已经迅速晋升到很高的高度，而且他工作十分努力，才使这一切得以发生。没错，即使他已经是首席执行官了，他仍在寻找人生的目标，而且希望这趟到肯尼亚的旅行会给他这个机会。

马修在视察新宿舍时，这个机会出现了。他正在察看现有的设施，那是一间由教室改造而成的宿舍，20 名肯尼亚女童集体睡在那里。宿舍里摆放着双层床，大多数女孩两个人睡在一个床铺上。在其中的一张床上，马修看到了一个枕头，上面印着“爱你到永远”的字样。

看到这个枕头，马修被深深地打动了。尽管这里的条件仍然很差，但女孩们对她们有机会接受教育、能够住在安全的宿舍里心存感激，于是引用了这句“爱你到永远”的箴言。

走出宿舍，马修想起了在英国一所非常时髦的寄宿学校里就读的他的儿子。在职业生涯中，马修征服了自己的阴影，穿越了许多黑暗的“森林”,才获得了自己目前的成功。他已经达到了自己职业生涯的顶峰，他知道沃顿商学院的所有信息。如今，是时候在实现人生的目标之前先审视自己的心灵了。

我确信，你们大多数人也乐意向一些组织捐款捐物，那么你是否也像鲍勃•查普曼或马修•威尔森那样，曾在人生中的某个时刻想清楚了，权力和金钱只是人生的方程式中的一个部分?

鲍勃•查普曼和马修•威尔森都曾历经重重磨难才获得他们的成功。他们穿越了人生中的黑暗“森林”，这赋予了他们热情与同理心，为他们的人生带来了平衡，而这是他们在商学院中学不到的。

许多时候，人们相信，自愿地当一回志愿者或从事非营利活动，是恢复平衡的关键。尽管我不会就这种工作的重要性争辩，但对那些不给自己带来心灵平衡的人来说，难以把这种平衡带给其他人。马修意识到，他个人还没有达到自身职业的平衡，因此，他竭力想要改变这种局面。

在我看来，对领导者来说，内心的平衡是一种重要的品质。你是否有机会直面自己的恐惧并且无畏地穿越未知领域？你是否曾见过你内心深不见底的深渊，却依然毫无畏惧地傲然挺立?

当你接受了这些挑战时，别人可以感受到你的勇气，他们会请求你帮助和引导他们“穿越”他们自己未知的挑战。走完这段旅程后，这个世界看起来就不那么缺乏平衡，也不那么危机四伏了。

反　思

真正的领导工作，或者说管理工作，如果没有真诚，是做不好的，而真诚本身不可能伪装。员工们渴求那些不会假装无所不知的领导者，也渴望那些知道自己不是超级英雄并且对这个事实感到很自在的领导者。领导者可能也应当清清楚楚地表明这样一个事实：他们在巨大的挑战面前奋力拼搏，最终坚持不懈地实现了和谐与平衡。他们需要传递这样的信息：他们学会了毫无保留地爱他们自己；他们热爱自己花时间去做的事情；他们在这个世界里做到了平衡。最优秀的领导者不会体现任何特定的 EG® 剖面图，但他们知道如何运用自身的优势来实现一定程度的内心平和，并且懂得激发和鼓励他人征服他们自己的挑战。这不仅体现在他们个人的生活中，还体现在他们的职业生涯中。

执行步骤

1. 审视你的EG®剖面图（如果你需要获得自己的EG®报告，参考本书附录），并且深入思考它所代表的意义怎样在你的人生中明显地体现出来。

2. 问你自己：你热爱你工作的哪些方面？它们是如何在你的剖面图中体现出来的？了解本章的模板，看一看它们怎样与你的剖面图相匹配。

3. 辨别你正面临哪种黑暗“森林”，以及你可以怎样穿越它们，以实现平衡。

“第1条原则：领导是一项关乎内心的工作”的模板

1. 你是哪种领导者？
   作为一项现实核查，问你的团队，他们认为你的领导风格是什么。

2. 你作为领导者的优势是什么？
   作为一项现实核查，问你的团队，他们认为你的优势是什么。

3. 关于你的公司的问题。
   你是怎样思考你的公司的问题的？

你是哪种领导者？

作为一项现实核查，问你的团队，他们认为你的领导风格是什么。

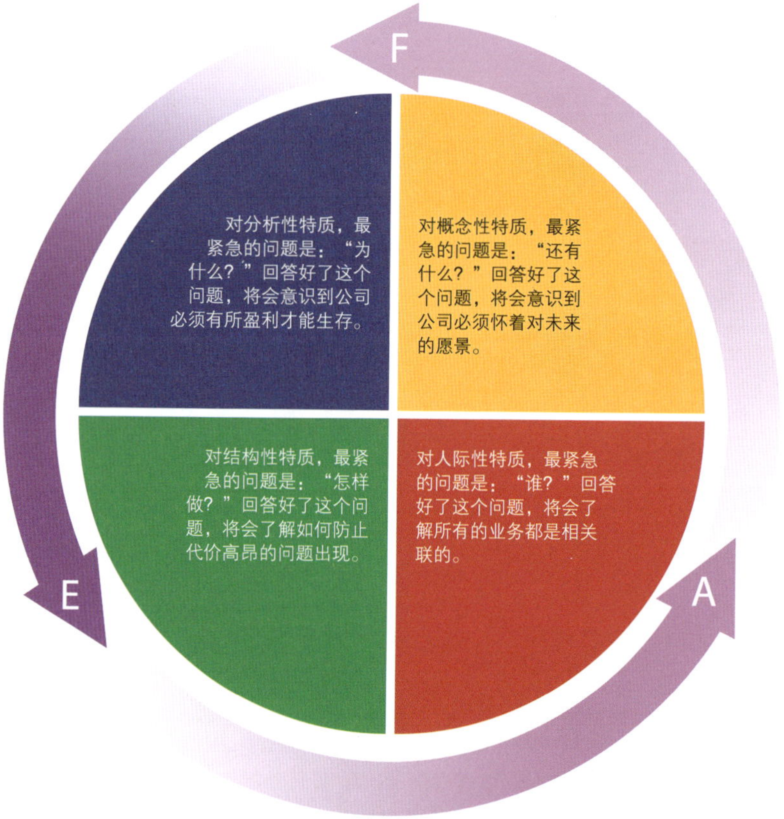

在表达特质的频谱上处在第一区的领导者可能被认为是优秀的倾听者，他们会听取多方面意见并考虑所有的观点。

在表达特质的频谱上处在第三区的领导者可能被认为性格开朗、对公司充满激情并且能够鼓舞他人。

在坚定特质的频谱上处在第一区的领导者可能被认为是和平保卫者、工作促进者，他们会尽可能减少戏剧化的场面。

在坚定特质的频谱上处在第三区的领导者可能被认为果敢决断，一边加大油门朝前进，一边紧盯前进路上的情况。

在变通特质的频谱上处在第一区的领导者可能被认为专注、使命感强、有着坚定的信念。

在变通特质的频谱上处在第三区的领导者可能被认为容易相处、欢迎变化并鼓励他人对各种选择保持开明态度。

重要提示：这些特质中，没有哪一个是孤立的，而是和其他的特质交织在一起的，以创造WE团队的神奇。

你作为领导者的优势是什么？

作为一项现实核查，问你的团队，他们认为你的优势是什么。

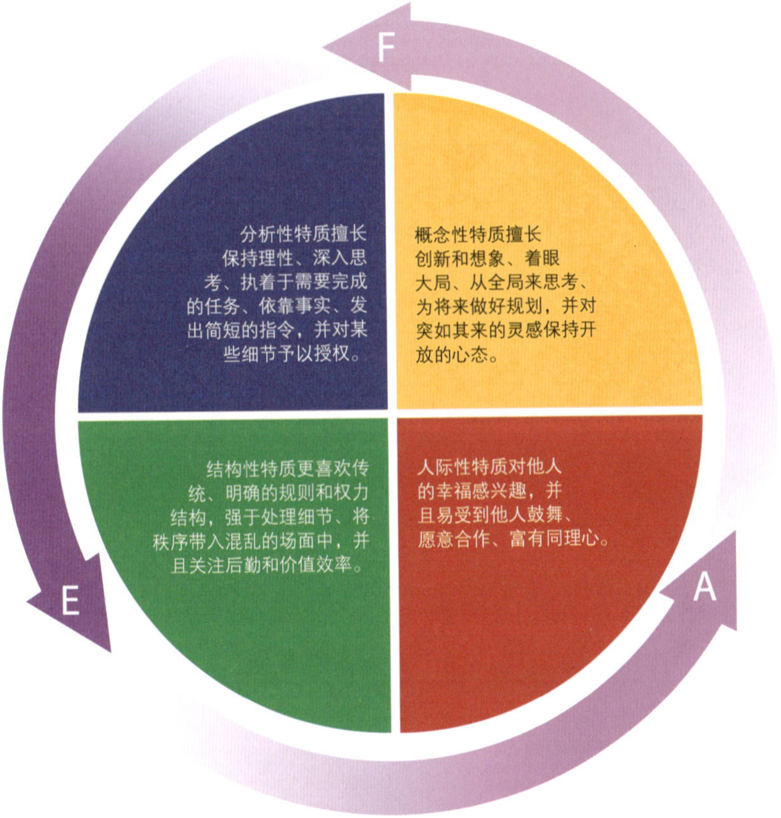

在表达特质的频谱上处在第一区的领导者是平和的、安静的、镇定的，保持着平稳的表达，并且允许他人发表意见。

在表达特质的频谱上处在第三区的领导者是外向的、充满朝气的，总是参与交谈并分享信息。

在坚定特质的频谱上处在第一区的领导者是维护和平的、和蔼可亲的，慎重地表达自己的意见，并且听从团队的意见。

在坚定特质的频谱上处在第三区的领导者是有决心、有竞争力和果敢决断的。

在变通特质的频谱上处在第一区的领导者是专注的，而且使命感强烈，有着坚定的信念，坚持按自己的方式做事情。

在变通特质的频谱上处在第三区的领导者是优雅、自然的，不介意变化，而且对他人的建议和观点持开明态度。

重要提示：这些特质中，没有哪一个是孤立的，而是和其他的特质交织在一起的，以创造WE团队的神奇。

关于你的公司的问题。

你是怎样思考你的公司的问题的?

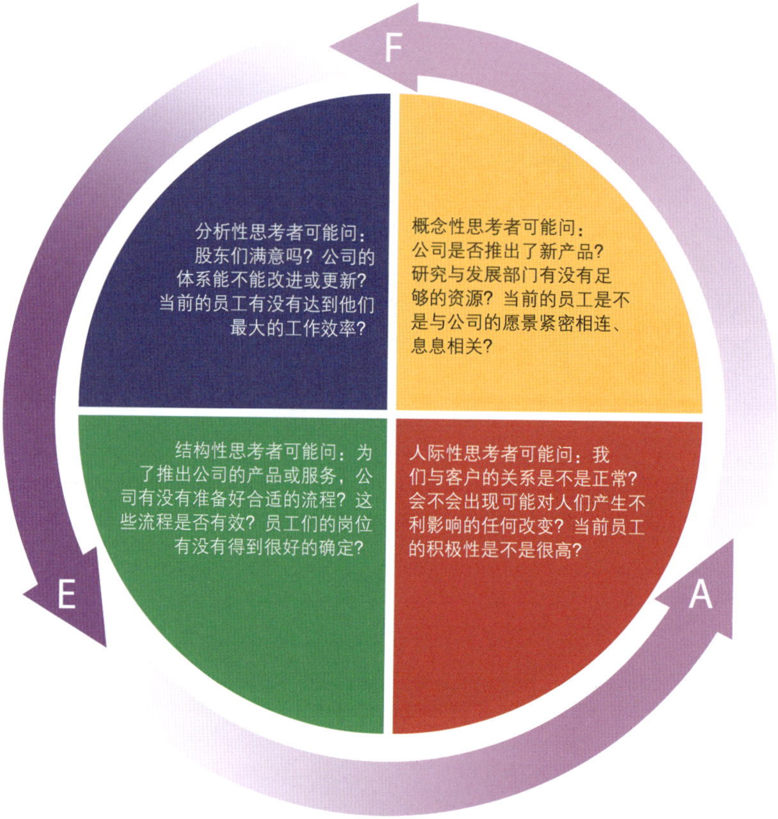

在表达特质的频谱上处在第一区的人可能想要知道周边的环境是否平静而详和。

在表达特质的频谱上处在第三区的人可能想要知道周边的环境是否“生机勃勃”，可以让人直言不讳。

在坚定特质的频谱上处在第一区的人想知道公司是否平稳运行。

在坚定特质的频谱上处在第三区的人想知道公司是不是冒着高风险运行。

在变通特质的频谱上处在第一区的人想知道公司是否有着明确的主业并聚焦于主业。

在变通特质的频谱上处在第三区的人想知道公司是否对变化、修正与/或中断感到适应。

重要提示：这些特质中，没有哪一个是孤立的，而是和其他的特质交织在一起的，以创造WE团队的神奇。

第2条原则

拥抱刺痛感

不舒服是新常态

在“第 1 条原则：领导是一项关乎内心的工作”中，你慢慢地了解了自己，并且对这个过程感到很舒服。在这第 2 条原则中，我让你拥抱刺痛的感觉，你可能会变得很不舒服。我指的是什么意思呢？当有的事情超出了你的舒适区时，我称它让你感到刺痛。有时候，我们是被外部因素所逼，不得已走出舒适区的，但本章涉及的是为了你自己和你最大的资产——员工——进行有目的的、自我激励的改变。

为什么你应当关注刺痛的感觉呢？因为刺痛感与像鸵鸟那样把头埋进沙子里并且试图保持现状恰好是相对的。不舒服的感觉与一些良好的商业实践相联系，如持续的创新、坦率对待存在的任何问题、总是警惕未来的挑战，以便你的公司能够迅速而灵敏地应对。走出舒适区，可能需要重新审视公司的目标、简化流程或裁减员工、应对艰难的问题，并且从一开始就坦诚面对长期存在的问题。不舒服的感觉还以一些好的方式出现，如对员工告诉你的创意保持开放态度、重新审视公司目标、允许员工冒险和失败、能够毫不畏惧地承认错误、欢迎创造、培育你个人并不偏爱的种种技能，等等。

达到舒适的停滞状态的想法是一种危险而又没有根据的错误观念。例如，人的体内总是处于持续流动的状态，不停地生成和分解、上调和下调，并且通过反馈回路重新"校准"。如果人的身体不再生长和改变了，那就意味着死亡。和人的身体一样，停滞中的企业也意味着消亡。根据加拿大蜂巢战略营销公司首席执行官安迪•克拉普斯基的观点："有一种流派的观点认为，如果某家企业不把其年度营收增长的 10% 投入发展战略，那么将会瓦解它自身的业务模式，接下来，失败就成为必然。"

在无数的例子中，不拥抱刺痛感的公司最终都走向了失败，包括我们认为像泰坦尼克号那样不可能沉没的巨轮的大公司。

- 百视达公司（Blockbuster）有多年的时间来适应不断变化的技术，但该公司从来没有去适应。尽管它知道公司的滞纳金使客户感到烦恼，但由于它从中赚了太多的钱，以至于不想让自己承受刺痛的感觉，去思考一种不同的业务模式。结果，一位客户在租借《阿波罗 13 号》的影片时，由于缴纳了 40 美元滞纳金而大感不满，于是他创办了与百视达竞争的公司——网飞（Netflix）。

- 伊士曼·柯达公司（Eastman Kodak）一度看起来坚不可摧，但公司没能做到保持刺痛感并欢迎变革。实际上，柯达公司的一位工程师发明了世界上第一台数码相机，但该公司严格保守秘密，因为这种新的相机不使用柯达胶卷。
- 值得尊敬的西尔斯•罗巴克公司（Sears, Roebuck and Company）成立于1886年，成立之初是一家大型的邮购目录公司，就像亚马逊（Amazon）的老式版本。也许他们应当继续做那一行。今天，亚马逊把西尔斯远远甩在后头，而且在其他零售商试着推出新的产品与服务时，西尔斯依然不为所动。如今，西尔斯关闭了许多店铺，卖掉了众多自有的标志性品牌。2016年，西尔斯当时的总裁被评为“美国最令人讨厌的首席执行官”，因为他从来不离开自己的舒服小窝——他不离开在佛罗里达的家，而且只通过视频会议的方式来管理企业。
- 同样创办于1886年的西屋电气公司（Westinghouse Electric）在数十年里一直是个家喻户晓的名字，持有数千项专利，从电器零部件到家用电器，全都是该公司的产品。后来，公司建设了第一座核反应堆，之后又在佐治亚州和南卡罗来纳州斥巨资建设了四座反应堆。这四个项目全都在截止日期数年后才建成，并且全部大大超出预算——此外，检查人员发现，建造商犯下了严重的建造错误，必须予以纠正。有时候，感到真正的刺痛，意味着直面而不是忽视问题。西屋电气公司在建造反应堆时对截止日期和预算过度承诺，没能纠正问题，最终走向破产。

走出舒适区，有助于你与你的工作产生有意思的关联、鼓励个人成长、在你的大脑中形成新的神经通路，并且让你成为更优秀的领导者。拥抱刺痛感，还使你能够更好地了解你的员工，确保他们感到自己备受珍视、积极向上和努力克服挑战。

刺痛感究竟是什么

- 如果你对自己每天的工作感到完全舒服，那你就做错了。假如你没有把另一项任务列入你的“待办事项”清单，你没有走出舒适区并感到刺痛，那么你不可能学习、继续向前，或者获取新的技能。我们往往自然而然地忽略使我们感到不舒服的挑战或机遇。然而，这些事情恰恰是我们应当首先做的——要么是为了抓住商机，要么是为了事先做好准备、规划未来。
- 这本书并不是第 5 000 万本描述如何引领公司实现变革的书。本书并没有描述陷入并购程序、让员工做好准备使用新的系统，或者解决强加给你的其他公司面临的问题。这条原则涉及让你走出自己的舒适区，做出一些有益于你、你的员工和你的公司的变革。

领导者的刺痛感

作为领导者，你可以为员工树立很好的榜样，带头甘冒风险、尝试新事物，并在自己走出了舒适区时敢于承认。

首先，你必须了解你自己。如你在第 1 条原则中读到的那样，拥有自知之明是成为高效领导者的关键。要了解你自己的思维与行为方式。辨别你的价值观。既意识到你的才华，又知道你用得最少的特质。观察你如何应对一系列的领导力挑战，如试图影响他人或发表一场主旨演讲。反思你自己的领导风格。勇敢而诚实地面对自己。那么你怎样才能变得更优秀呢？

- 做到真诚。当你在某件事情上装腔作势时，人们立马就感受到了，这会侵蚀他们对你的信任与信心。
- 承认已经让你感到刺痛的事情。每周至少承认一件让你感到刺痛的事情，以此来挑战自己。

- 努力面对你最不喜欢的 EG® 特质，使它们变得更加强大。
- 冒些风险。不要害怕。不要担心失败或看起来好像在做某些愚蠢的事情。你是人，人总有犯错的时候，每个人都知道这一点。
- 保持开明的态度。重新思考过去的决策。重新思考那些实际上可以协商的、以前你认为不可协商的事情。
- 请人们对你做的事情给予反馈。提一些开放式问题，以获得令你有启发的答案。只在你愿意考虑这些答案的时候才提问，否则不要提问。

你的员工不会与你有同样的偏好。例如，也许你感到最舒服的事情是拿起电话，马上打一通电话。这对你来说完全是自然而然的，但有些人讨厌打电话。他一接到你的电话，会吓得要命，感到极不舒服。（提醒这些人注意：试着偶尔接一下电话！）采用各种方式与员工沟通，有些方式可能让你感到刺痛，包括打电话、发邮件、面对面的交谈、正式开会、手写的便条，以及调查等。

员工的刺痛感

你的目的是营造一种欢迎的、支持的公司环境，它可以和谐地容纳具有各种剖面图的员工。员工们为了相互适应对方的特质，一定都感到轻微的刺痛，但其结果是完全值得的。这样的话，你到最后不会像电影《复制娇妻》（*The Stepford Wives*）描绘的那样拥有一群完全一模一样的员工，而是拥有一群具备各种不同性格特点的人，他们知道如何展开合作。

- 团队成员首先应尊重对方的剖面图，努力展示他们自己的特质，以便更好地相互欣赏对方，并且更加有效地沟通。

- 当员工已经相互知道了对方的偏好时，他们组成的行动小组可以在更短的时间内完成更多的任务（参见“第 4 条原则：开好思维碰撞的会议”）。
- 员工之间相互增进理解，营造一种让员工感到备受珍视并感受到挑战的氛围。这样的企业文化，增强了员工的能动性和工作满意度。

公司的刺痛感

允许你的员工拥抱刺痛感。你可以模拟刺痛的感觉并培育一种不惩罚的企业文化，鼓励员工走出他们的舒适区。要了解你的团队成员怎样思考和行动、他们的学习风格是什么、他们更喜欢什么样的工作方法，以及什么局面将让他们感到刺痛。

- 适应能力强的员工队伍有利于公司将来的发展，而害怕或消极的员工队伍则抗拒变革。
- 透明的环境——人们可以自由分享他们的想法与行为的环境——鼓励员工更大程度地参与，因为在这种环境中，几乎不存在秘而不宣的议程、头脑游戏、办公室政治及消极动机。
- 鼓励你的员工拓展他们的技能并且甘愿冒可预料的风险。当你知道他们接手的任务是他们最不喜欢的时，表明你的支持。当知道你信任他们时，他们将更愿意在感到刺痛的情况下逼自己一把。
- 不让员工感到害怕的公司氛围，将助推诚实、创造、参与和学习。准许你的员工去找寻失败的意义，并促使他们感到刺痛，以获得成功。

怎样拥抱刺痛感

我们每天都在拥抱刺痛感。新员工会在更为传统的公司氛围中定期评价我们 EG® 国际公司的文化与他们亲身体会之间的差别。我们在这里用不同的方式做事。每件事情都经过精心的协调，以营造一种富有成效的、健康的公司氛围。我们做的每件事都是有意的，从我们运用剖面图来相互了解、我们组织会议的方式、我们办公室内部的装饰，到楼层平面图，甚至我们使用的灯泡，都是有意安排的。

下面的故事展现了工作和生活中的常态。你可能考虑将这些创意融入你的公司文化中，即使对现在的你来讲，它们会让你感到一些刺痛。

◆ 员工妮基的故事

一天，我出了趟城，然后匆匆忙忙回到办公室，发现一位新员工坐在前门旁边的办公桌前。

> 我问道："你是谁？"
>
> 她说："我叫妮基。"然后她暂时把手从键盘上拿了下来，问："你是谁？"
>
> 我出言不逊地回答："我是盖尔，给你发工资的人。"
>
> "哦，好的。"妮基回答，把手又放回了键盘。

我冲到我的办公室，抓起我下一趟出门需要的东西，然后离开了。但我感到自己不该这么暴躁地回答她的问题，对自己感到有些懊恼。毕竟，我懂得更多一些。研究表明，如果一位员工在刚开始时与她的上司进行过交谈，她在工作中会更快乐一些。

> 两天后，我回来了，走到妮基的办公桌前，向她道了歉，

然后说："我们谈几分钟吧，那样的话，我们相互之间能够更加了解。"

她只把头抬起了一下子便回答道："哦，没关系，我不在乎那些侃侃而谈的场面话，我现在要先把工作干完！"接着又低下头去，继续在键盘上打字。

我无趣地返回自己的办公室，内心翻腾，愤怒地心想，大家说的那些"千禧一代"，真是没说错。我是一个爱交际的、进取心强的人（具有**表达特质**/**坚定特质**），因此我真的认为我得和妮基谈谈。但接下来，我看了看妮基的 EG® 报告，上面显示了她的能力、偏好及动机。一看到她的剖面图，我恍然大悟。原来，对妮基来说，仅仅为了交谈而交谈，并不是很重要的事情。对于她这种个性的人，如果她的工作职责包括接待客户，我通常会很担心。不过，据我推断，如果妮基在这间办公室工作足够长的时间，我们会让她明白，像她这样注重数据、实用和相关性，也完全可以。她可以学会怎样展示自己的社交偏好，而且她依然能够把自己的工作做好。

妮基的剖面图（见图 2-1）中有两种偏好——**分析性**和**结构性**思维。她还有一些**概念性**思维的偏好，但只有一小部分的**人际性**思维。她沉默寡言（在**表达特质**频谱上处在第一区）、果敢决断（在**坚定特质**频谱上处在第三区）、绝对确定（在**变通特质**频谱上处在第一区）。因此她对我的回应完全是性格使然，因为她不具备社交偏好、在**表达特质**上处在安静的一端、在**坚定特质**上处在推动的一端，并且在**变通特质**上处在专注的一端。她真的只是想把她的任务完成！我再次发现，她对我的态度并不是她这个人有问题，而是她的剖面图使然。

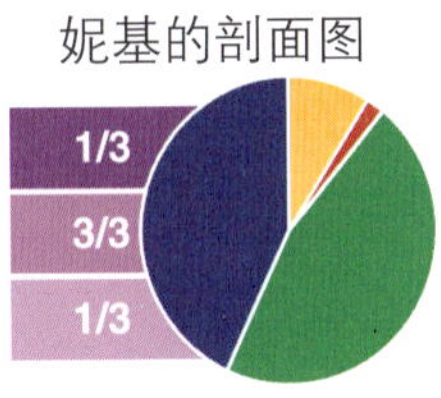

图 2-1

在某些公司中，假如妮基以这种态度对首席执行官说话，可能她马上就会被炒鱿鱼，但她是在 EG® 国际公司工作。我查看了她的剖面图，知道将妮基融入我的团队是一件值得的事情。她将来会了解到，她必须充分利用她的社交特质，因为她常常需要跟我们的同事交谈。如今，我频繁地收到她的同事和上司发来的电子邮件，表扬她在工作中注重细节，并且在培育客户关系时考虑周全。

妮基之前工作过的公司有种十分消极的工作氛围。她很高兴自己离开那里，但对我们这种完全不同的办公室氛围及公司文化并没有完全做好准备来适应。开始一份新的工作，让她感到刺痛。如今我意识到，假如让她刚到公司便和新的首席执行官马上进行一番交谈，会让她感到不安。在和某人正式地交谈时，妮基更喜欢做好准备并提前列入日程。

在我们的 EG® 办公室中，我们维持着一种如家般温暖的充满关爱的氛围。我们尽我们的所能包容众多不同的员工。我们遵循托尼 • 亚历山大所称的“白金准则”：以他人想要的方式来对待他人！招聘新员工时，我们查看他们的剖面图，弄清楚他们的学习风格并试图包容他们，以便他们出色地完成工作任务。

每个人都可以自由地和其他人交谈。我们强调积极的交谈，并且用褒义词来替代贬义词（参见“第 3 条原则：使用优雅的语言”）。在决策时，我们考虑每种特质，并没有制定太多的规则和制度。如果你上班迟到了，或者为了参加儿子的舞会而需要买一朵胸花，或者必须照顾生病的孩子，那么我们的期望是你会尽自己的所能把工作任务快速完成。

我们关心员工的健康，并且认为生活不只是假期与假期之间的那段时间（参见“第 6 条原则：让员工为工作而生活，而不是为生活而工作”）。我们第一次告诉妮基“用抽支烟的工夫休息一会儿”时，她觉得我们失去了理智。但是由于久坐也像吸烟那样危害健康，所以我们鼓励每个人停下手中的工作，站起身来，甚至到外面去走一走。

我们办公室的墙上刷着紫色、蓝色、绿色、红色、黄色的涂料，与我们的品牌相一致。起初，我们墙上的这些色彩还超出了妮基的舒适区，但她很快就习惯了。一天，我无意中听到她正在邀请一位客户来我们办公室参观，她说：“哦，我们的墙可有意思了！我刚来这里时，觉得墙上的颜色太多了——此外，每面墙都各不相同！没有哪两个房间墙上涂着完全相同的涂料。但是，斑斓的色彩是我们品牌的一部分，也是我们企业文化的一部分。我的办公室是蓝色和紫色的色调。这似乎有点奇怪，但我现在喜欢这两种颜色了。”

◆ 学生马文的故事

通过我们的“学生 / 教师 EG 项目”（Student/Teacher Emergentetics® Program，STEP），EG® 在学校中一直运行得十分成功。STEP 公司也是 EG® 的一个独立的分公司，专门负责将我们的计划带进学校。公司与学校老师密切合作，由老师教 10~18 岁的学生使用 EG® 青少年报告。STEP 的内容是介绍我们怎样与一位名叫马文的高中生打交道。

马文所在学校的校长助理告诉我们，她必须头一天就管教马文。她会把马文被老师课后留校的情况详细记录下来，打电话给马文的父母，并且在他的永久记录中添加一条备注，指出他曾扰乱整个学校的秩序并且得到了相应的管教。校长助理是一个井井有条的人（结构性思维），管理学校的各项事务（人际性思维），善于沟通（表达特质）、不绕弯子（坚定特质），并且果敢决断（变通特质）。所以，到了第二天，她仍在想着马文的事情，想着自己是不是还可以做些别的事情，让马文不至于再度跌入不当的行为模式中去。

我问校长助理：“那他做了些什么？”

原来，马文自己动手发明了一个智能手机 App，它可以将教室里的所有电子元件关掉。于是有一次，当老师试图启动 DVD 播放机时，马文在 App 上点击了一下，使得教室里的监视器和所有的电脑都突然之间关掉了。

马文一阵狂喜。他从椅子上蹦起来，立即向走廊奔去，每经过一间教室，就点击他的手机 App，让教室里的电子设备关掉，制造了混乱。对他来说，最重要的事情是他发明的 App 能够发挥作用了。

我忍不住吃吃地笑了起来。

校长助理问我："你觉得我还有别的什么办法吗？"

我回答道："当然有！你用你的**结构性** / **人际性**思维（剖面图见图 2-2）跟他交谈，但他却用他的**分析性**思维（剖面图见图 2-3）来听你的话。如果你为他的聪明点个赞，并将他的精力引导到他的发明上，可能是有益之举。"

校长助理的剖面图

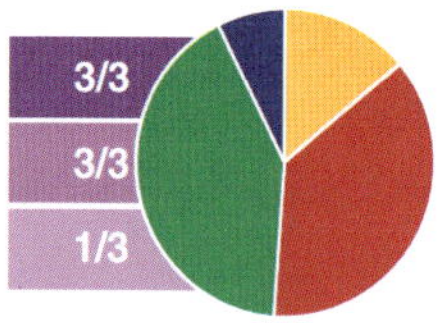

图 2-2

马文的剖面图

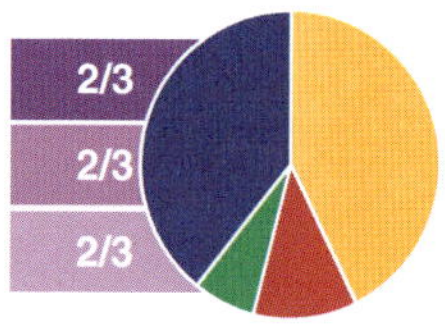

图 2-3

后来，校长助理让马文参加了学校的高科技俱乐部，并将他介绍给学校最有经验的 IT 课老师。马文没有受到留校惩罚，而是找到了学校里跟他一样对高科技痴迷的同伴，并且学会了如何建设性地运用自己的这一专长。马文是个高年级学生，他母亲对校长助理的做法表示了感谢。那一年，马文在学校的表现是他上学以来最好的。

这个孩子好比你的下一位员工。你将怎样来挑战他？

满足所有人的需要，而不只是满足你自己的需要

作为一位领导者，你必须由内至外全面了解你自己。这将使你清楚地发现你心中任何的恐惧或偏见，它们可能妨碍你为所有不同类型员工营造最理想的氛围，而正是这些具有不同特点的员工，才会使你的公司迈向成功。今天，各家公司的企业文化各不相同，而你可能失去一些表现非常不错的员工，到头来，这些员工可能被那些营造了更加现代化的、更加包容的工作环境的公司挖走。

在你的员工中，有多大比例的人热情满满、完全地投入他们的工作之中？员工们每天早晨的情绪怎样？是不是在员工们开始完成任务之前，得先让他们喝两杯咖啡才行？凝神思考片刻，在脑海中把你所有的员工逐一地想一遍，看看你是不是允许他们以他们乐意的方式投入工作。你有没有满足拥有不同剖面图的员工的需要？怎样使员工更快乐、更有成效？

- 尽管可能让你感到有点难为情，但也要把你的 EG® 剖面图打印出来，贴到你的门上。没什么好遮遮掩掩的。自豪地把你的特质表达出来、表现出来。
- 下决心适应本章中提到的至少一个将你逼出自己舒适区的观点。迈出第一步吧。没关系的。
- 你是不是总以同样的老方法做事情，从来不去想为什么？我认识一些“千禧一代”依然能够平衡他们的支票簿，尽管他们可能没有见过支票甚至现金，但他们也同样坚持过来了。你的办公室是不是看起来像电影《阴阳魔界》（*The Twilight Zone*）中的一个场景？
- 你是不是抱有一些影响你公司环境的偏见？你有多么喜欢工作？你的偏好对其他每个人是否公平？例如，看一看你默认的沟通方

法，也就是你感到最适应的、与你的剖面图相符的沟通方法。你有没有尝试过拓展你的特质，以便使用更多其他的方法，而不是只使用这一种方法？你有多么让人感到可以亲近？这是真的吗？

- 你公司的高管和中层主管是不是表现得可以接受较广泛的职场行为和偏好？这种接受，有没有在各级管理人员中得到示范和采用？
- 你的员工是不是对公司的贡献越来越少了，因为他们全都必须按照规定的方式来完成工作任务？那些要把孩子送到日托中心或学校的家长，情况又如何？那些更喜欢上班迟到，但下班也晚回家的员工，情况又如何？
- 你是不是在你的整个公司中命令员工装饰他们的办公室？如果他们喜欢戴着耳机工作，或者在电脑桌面上显示一些恶龙的图片，或者把他们孩子的画作贴在办公室的墙上，你允许他们这样做吗？让员工在他们自己的舒适区中工作，是不是相当于迈出了你的舒适区？
- 你有没有阻止过员工改造公司环境的点子，只是因为他的点子让你感到刺痛？有没有哪些公司的制度或方法应当更新了，但你觉得不便更新，并且更新让你觉得很不舒服，所以最后放弃了更新？有没有哪位高管尽管应该被你解雇，但你觉得把他赶出公司大门实在太过艰难，所以你没有解雇他？当你需要做一些让你感到刺痛的事时，你有没有觉得得意扬扬？
- 有没有哪种新技术让你感到难以适应？你在家的时候，能不能自如地使用你家的智能电视和音响系统？还是不得不打电话给你的孩子们？技术的发展，可是从来不会倒退的。

勇敢些吧，直面刺痛感！撸起袖子干起来。但在你实施某项变革的同时，还要记得考虑所有人的特质，而不只是考虑你自己的。

避免营造千篇一律的公司环境

要意识到，一天下来，你的大脑有时候也得更新一下，“换换脑子”。如今的企业正在努力包容人们的工作与生活。有时甚至在同一个空间中，既允许员工以不同的方式工作，也允许员工将生活融入工作场所。员工们可能既有勠力同心合作的空间，也有自己专心致志思考的领地。对于为你工作的各种不同的人来说，是一件好事。

有些人非常适应千篇一律的工作环境，另一些人却不适应。

◆ 办公室空间发展简史

公司（Corporate）这个英语单词已成为“灰色、乏味、没有想象力”的同义词。当你深思熟虑且主动地改造公司的环境时，公司的氛围及员工的工作效率也会随之改变。

在任何一间办公室，总是存在着私密与开放的需要、对话及合作的需要之间的冲突。那么哪种氛围更有效、更适合互动，或者有更大的自主权呢？这个问题的答案取决于任务本身，也取决于个人的特质。员工们需要不同的选择。

20 世纪初，钢梁的发明使得建筑商可以建造巨大的房子，大到足以摆放一排排的办公桌。老板们从他们私人的办公室内俯瞰员工的办公空间。这些开放的房间，可以容纳大量的员工，但整个空间令人感到嘈杂不堪，压力重重。

为了鼓励合作，设计师尝试着将各个工作站点集中到一起来，并且将各个工作站设置成像单人小房间或玩具风车那样，但员工们工作时仍然分心、易怒、疲惫不堪。这样做无助于提高工作效率，或许是因为我们每次被打断时，便要花 25 分钟来回忆起我们预先准备要做的所有事情。

1968年，人们设计了第一个办公室小隔间。起初的小隔间拥有半私用的空间，四周砌着低矮的墙，使得自然光可以照进整个房间。小隔间没有门，里面摆放着一张巨大的桌子，用来铺开有效的工作文档，甚至还有站立式的办公桌。但这种设计没有流行起来，直到后来，人们将小隔间修改为面积更小、价格更便宜的工作台，取代了站立式办公桌，小隔间才开始流行。到20世纪90年代，一些老板发现，他们可以使用价格低廉的模块墙将更多统一规格的小隔间集中到一起来。中层的员工有他们自己所谓的“私密小隔间”，在里面可以听到其他人的交谈，相互闻到对方的午饭的饭菜香气，而且也可能相互传染感冒。想象一下，你的小隔间紧挨着饮水机、咖啡机或浴室的情形！研究表明，人们在无穷尽的噪声中工作时，中断了注意力，损害了记忆力，诱发了与压力相关的疾病，如偏头痛和溃疡等。后来，思维前瞻的老板们通过将工作环境“游戏化”，走向了与这种现象相对的另一个极端。有的甚至陷入疯狂。有些办公室有沙发、豆袋椅、桌球台，提供小吃，拼图和脑筋急转弯游戏四处散落，甚至楼层与楼层之间还有溜索。开放式激励楼层平面图最适合精力充沛和开朗外向的员工——尽管他们可能太容易被所有这些光鲜亮丽的东西分心，难以集中注意力。如果你的工作场所是这样的，你可能听不到安静的员工们说话。对这些员工来讲，他们在宁静的环境中工作效果最好。如果你走进小隔间去看，可能看到某位员工躲在一株植物的后面工作，头上还戴着耳机。

EG® 改造包括但不限于你的楼层平面图。开辟既让员工感到满意又对员工提出挑战的新的工作，将推动你的公司向前进。

◆ 一家公司，多种剖面图

在我们EG® 公司的总部，有些地方安静，有些地方吵闹。办公室有的有门，有的没门。我们适应总部的工作环境，又将 STEP 公司的员工单独安排在一层楼里。当然，我们的员工代表着所有特质，这即使对于一个非常平衡的组织来说，也是一种挑战。

走进我们的办公大楼，首先会来到一间主办公室，这里非常开阔，员工们喜欢在这种环境中工作。他们本身的性格全都很安静（表达特质），而且对默默地工作感到很满意。其他人走进前门时，往往惊讶于这里安静的环境。我就是在这里第一次遇到妮基的，她的个性与这里很相符。在这个地方，只有一位名叫梅根（其剖面图见图 2-4）的员工很爱社交（表达特质），但她也学会了在工作时控制好自己旺盛的精力。这对她来说是一种有些刺痛的挑战，但她渴望与我们协同工作，这也是她的动机。为此，当她的身边都是一些不说话的同事时（除非有人搭话），她需要控制自己的行为。尽管梅根的内心渴望与人交谈，但她还是压抑了自己的大部分精力，好在她能够适应（变通特质），并且学会了将那些精力引导到她在打电话联系工作时的交谈上。

梅根的剖面图

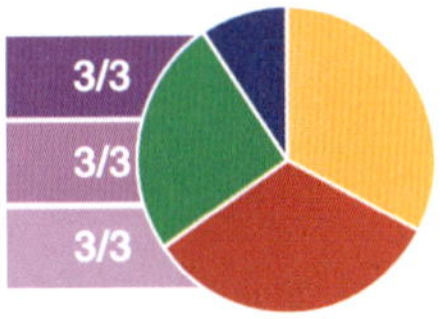

图 2-4

我儿子摩根（其剖面图见图 2-5）是 EG® 的总裁，他的办公室和我的一样都紧挨着主办公室。我们的行为特质一模一样（我的剖面图见图 2-6）。我们每个人都有一间独立的办公室，办公室有门，因为我们两人都充满朝气（表达特质）。我们大部分时间都在打电话交谈、在会议上发言，或者和员工聊天。对在主办公室里工作的员工来讲，我们两人讲话的声音都太大了。我们还相互展开热烈的讨论，因为两人都是辩论者（坚定特质），并且从来不介意这样的辩论，只要我们自己能拿出好的论据：这通常还指向了另一个好点子。但是我们这种精神饱满的探讨也使在附近工作的员工深陷痛苦之中，因为我们听起来很愤怒，破坏了他们的安宁。实际上，当我和儿子要互相生对方的气时，办公室主管曾经请我们俩离开办公室。因为我们一直没能成功地学会如何安静地表达分歧，但我们的辩论让其他员工心烦不已。

摩根的剖面图

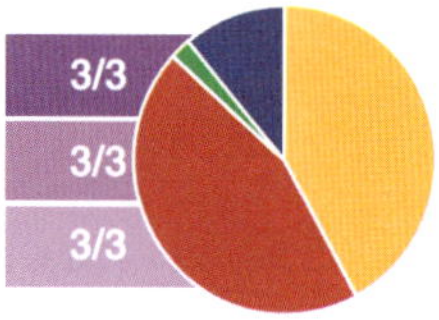

图 2-5

盖尔的剖面图

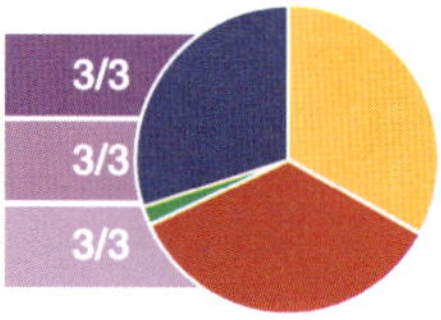

图 2-6

STEP 公司的员工在大厅的另一个地方办公，他们既想办法相互交往，让氛围更活跃，又会在某种程度上把工作任务完成好。他们的办公室里随时传来笑声，而我们有些人在需要休息时往往去他们的办公室串串门。

图书馆的安静房间对那些轻声说话的人（表达特质）来说好比一个避难所，如在我们公司前台办公室里工作的员工，但对那些抑制不住想说话的人来说（表达特质）好比一座监牢。假如你不注意员工之间不同的性格特质，那么仅仅将某间办公室的布局改变成另一番模样，无助于提高公司的工作效率。你可能已经看出了我们怎样利用不同的空间来适应不同的特质，以及那些并不完全融入某个特定空间的人怎样努力地适当收敛他们的特质，以便成为集体中的一分子。

莎伦（其剖面图见图 2-7）是发展部副主管，在一间非常适合她的角落办公室（以前是一间小的议事室）办公。她对有关大脑的主题很感兴趣（分析性 / 概念性思维），但对其他大多数人正在做的事情并没有热情（人际性思维）。令她高兴的是，没有人随意到她的办公室来串门。如果有人想找她，他们知道在哪里可以找到她。

莎伦的剖面图

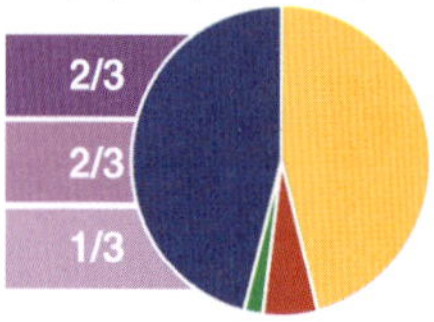

图 2-7

莎伦经常与 STEP 公司的员工开展头脑风暴，那些员工天生就外向活泼。莎伦解释说："我有意识地到 STEP 公司的办公室去串门，不过现在我明白了，我想要融入这群同事，就得花时间听他们分享他们周末的故事，那些故事涉及孩子、宠物狗，以及其他各种各样的事情。"

莎伦研究 EG® 多年，了解和她一样将分析性 / 概念性思维结合起来的人，这些人通常认为自己比别人更聪明。莎伦笑着补充道："听出我声音里的傲慢了吗？我并不是特别关注 STEP 公司员工们聪明的孩子或孙子女，也不是很关心某个人新的宠物或他的叔叔到医院来探望，但我知道，如果我表现得很感兴趣的话，将促使人人和谐相处。"同样，尽管莎伦喜欢她在 EG® 的同事们，但她不会把他们称为"朋友"。对莎伦来说，同样也对大部分其他的分析性 / 概念性思考者来说，只有少数一些关系是能称为朋友的、感情至深的关系。

莎伦运用了"白金准则"，拓展了她天生的偏好，并且以这些同事期望的方式来对待他们。她只想把自己的工作做好，但她知道，她得给 STEP 公司的员工们一些时间来释放他们满腔的热情。

莎伦的这种分析性 / 概念性思维结合起来的情况，在男性身上出现的概率是女性的两倍（17% 的男性对 8.5% 的女性）。在公司里，具有这种剖面图的男性通常不喜欢被人们视为自己是发自内心的和富有同情心的。假如任由他们自己按照自己的喜好行事，那么他们对思考数据、宏观的系统及解决方案更感兴趣。他们通过完成令人惊叹的项目来展示热情。当你问到他们的工作时，他们通常谈论他们认为团队必须做到的事情。他们对取悦团队成员不感兴趣。相反，他们的工作成果是献给团队的礼物，因为他们使得团队成员更容易朝着必须实现的目标前进。

一方面，拥有分析性 / 概念性思维偏好、没有人际性偏好的主管可能令人生畏，尤其是如果他们处在表达特质频谱上安静的那一端的话。

他们几乎找不到任何理由离开他们的知识大厦，而且很可能憎恶闲聊。如果一位带有这种剖面图的男性主管从办公室派对上溜走了，人们可能对他的离开反而松一口气，赶紧再开一瓶酒来喝。另一方面，由于莎伦是女性，假如她没有参加办公室派对，以及她对别人的个人生活并不是十分关心，人们会感到吃惊——但这对莎伦来说无须道歉，因为并非所有的女性天生都带有人际性偏好。

当你得知莎伦除了从事 EG® 工作之外，还是一位精神导师，可能感到吃惊。她说，她不需要关心人们的宠物，便能分辨出他们的生活过得怎样。事实上，她觉得，与客户保持一定的距离，反而更有益于她看清客户的问题。不过，莎伦会调节她的特质，以便迎合别人，让他们感到舒服。这对她自己来说是一种刺痛感，但在那种时候，别人能够在她的身上看到自己的影子，有助于她和他们成功地合作。

莎伦变得极其擅长收敛她的特质。这在咨询业中是一项不可或缺的技能。同时，当你需要和许多人合作时，这也是一项必备技能。我会经常回到这个主题。刺痛感是好的，这是因为，除非人们给你机会来练习，否则你不可能学到许多技能。大多数员工在他们走出舒适区并意识到他们几乎能够与所有人展开合作时，也会提升自己的坚定特质。

即使你招聘到了合适的员工，公司中还是会存在一定的刺痛感，而这并不是一件坏事。感到刺痛可能是一种绝好的激励，它激发你前进和成长。EG® 改造将帮助你将任何痛点重新塑造为拓展和设定新目标的机会。

我们怎样在会议中运用EG®

我们的办公室专为学习而设计，而我们始终掌握了最新的神经学研究，这既有益于我们自己，也有益于我们的客户。这一小节将向读者分享我们最佳的召集会议的做法——那些会议使得我们能够高效地经营公司并尊重每种特质。会议必须考勤，而且我们在工作时间召开会议。有些会议会令人头晕目眩，但它们并不是办公室派对。有的会议是每周例行的会议，而另一些会议则每年只召开一次。无论如何，所有的会议都有益于我们清楚自己怎样实现个人目标和公司目标。

如果没有类似这样的经常性会议，我们容易深陷日常的挑战之中，还没等你醒悟过来，有些事情便已经偏离正轨了。日常事务可能太容易分散我们的注意力，使得我们对自己需要优先做的事情投入的精力太少——那些事情对我们及我们的公司来说是最宝贵的。

◆ 结构性（绿色）会议

我们每周三举行绿色会议。召开这些会议，目的好比让我们的左手知道右手在做什么。

- 我们准时开始和结束会议。首先开始定心练习（将在本章后面的内容中讨论），以确保所有人从来不迟到。
- 我们遵循会议的议程。
- 每份会议报告都有一个目的。
- 所有的信息必须在 30 分钟内完成交流和通气。

这些特点，令那些大脑中存在许多**结构性**神经连接的员工感到满意。如果是举行看起来会一直继续下去的自由形式的会议，这些员工会感到厌烦。

◆ 人际性（红色）会议

红色会议的目的只有一个：团队建设。每个部门选择某个月为这类会议做计划。

- 1 月，我们庆祝中国新年，给每位员工发红包。这有助于我们记住我们是一家跨国公司。与此同时，我们在新加坡的办事处也举行同样的庆祝活动。
- 2 月，我们庆祝情人节。今年的主题是“喜欢你，芝士火锅派对”。
- 4 月，我们总是出门野炊并打保龄球，以庆祝我们非常成功的一年。

最初给我们举行红色会议带来灵感的是一家世界上最大的啤酒厂。有一次，我们应邀参加他们的一场红色派对。我们的一位员工因她的爱社交的天性（表达特质）而闻名。在派对上，她看到一个男人坐在酒吧的一个角落里，一句话也不跟别人说。出于好奇，她走近了他。她问他，为什么在一场所有参与者都具备人际性思维偏好的红色会议上独自坐在角落里。他说：“我想看一看爱好社交的人在红色会议上都做些什么。”他并不具备人际性思维偏好，而他的行为表明他更喜欢独自一人。他还说：“我并不是非得参加这种派对。我只是想分析这种场合，并且了解红色会议上会发生什么。”他可能再也不会参加另一场红色派对了。

我们的一位名叫玛莎（其剖面图见图 2-8）的员工具有以数据为驱动（分析性）和有条不紊（结构性）的思维偏好。不论做什么事情，她都很少说话（表达特质），从不当众大吵大闹（坚定特质），并且十分执着（变通特质）。我频繁地进出办公室，但在那几个月里，从来没有听到过玛莎的声音。

玛莎的剖面图

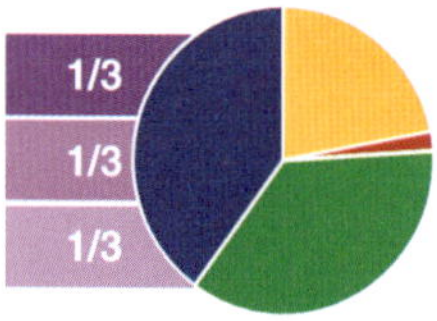

图 2-8

玛莎必须参加我们的红色会议，但她并不一定喜欢。她选择不参加任何的狂欢活动，而是坐在一个角落里看书。她从来没有告诉过任何人，说她不喜欢打保龄球，但话说回来，她也并不是非参加不可。这并不是一个问题。其他的员工都了解她的剖面图，并且知道玛莎就是这种性格的人。

◆ 概念性（黄色）会议

黄色会议全都是关于企业的宏观愿景的。我们在每年的年初举行一场黄色会议。

- 我们总结上一年的成绩。
- 我们祝贺自己完成了大量的工作。
- 我们确定长远的愿景，那是我们将来想实现的目标。
- 我们为来年确定短期目标。
- 最后一个目标通常是给大家带来一个“幸福的惊喜”。重要的是确立一些开放型的目标，以便你可以将正能量带入公司。

最近的一个“幸福的惊喜”是我们在非洲首次增派我们的 EG® 代表。在那一年的年初，我们并没有确定这个目标。通过艰苦的努力，加上一些好运气，我们将公司的全球化足迹扩展到了新的领地。

◆ 分析性（蓝色）会议

我们每年 7 月举行蓝色会议。这种会议基于对数据和财务信息的分析。

- 我们测算该年度我们在实现目标上的进展情况。
- 我们评审我们的财务状况。
- 我们确定下半年的计划。

和家庭预算一样，公司的收入和支出也总有增长和下跌的时候。由于我们秉持的价值观中有一条是保持家的感觉，因此透明度对我们来说很重要。如果营业收入的数据表明我们得控制支出，那么每个人都要在降低支出上发挥好自己的作用。私营企业通常不愿意和员工分享财务数据，但这种会议对私营企业来说格外实用。

定心

想象别人让你们围着坐成一圈，闭上你们的眼睛，然后运用你们的呼吸来“扫描”身体上感受到的紧张，最后再让你们把注意力集中在呼吸上，以缓解这种紧张。我们每次在会议开始之前，都用这种定心练习使大脑保持专注。这种练习要求人们在 2~3 分钟内保持沉默，然后用计时器提醒时间已到，所有人都睁开双眼，会议再接着开下去。

我们第一次运用这种练习时，许多员工感到有些不适应。他们愿意继续下去，但是不愿意在 2~3 分钟时间里安静地坐着，总会发出一些沙沙声，时不时还有一些身体动作。但是人们最终接受了这种定心练习，因为它使得我们能够高效且专注地把会议开好。这样一来，我们能在 30 分钟的会议中比从前交流更多的信息。这种练习持续了几个月后，我们注意到，一到开会时间，与会者就立即保持深深的沉默，因为每个人都会在定心练习时释放他们一天中累积的失败感，而不是把这种感觉带到会议中。现在，当我们开始开会时，每位与会者开始持续地保持沉默——即使新来的员工也不例外，尽管他们觉得以这种方式开始开会有些怪异。

还记得我们的新员工妮基吗？她参加第一次团队会议时，感到极其不舒服，当时会议主持人向她介绍了我们办公室的两个仪式：一是会前的“定心”，二是会后的“反思”（马上更详尽地讨论这种做法）。这些做法让妮基感到迷茫，但如今，过了几个月后，她喜欢上了定心练习。

而我们也知道，每次会议结束时，当她花时间想清楚自己想说什么后，我们能够听到她进行的有意义的反思。

此刻，你可能在考虑你是不是应该继续读下去，因为你无法想象如何向员工介绍这种理念，而这听起来又像是极重要的、很想要的信息。但研究成果是站在你这边的。冥思或定心可以减轻压力、降低血压。当人们感到放松、不被心头的忧虑分心时，大脑会释放一种称为催产素的重要的荷尔蒙——也称为信任荷尔蒙，因为它减轻了恐惧感、增加了亲密感，并助推了团队合作。催产素还鼓励人们信任团队领导者，甚至帮助解释为什么人们走在一起和集体鼓掌时会感到有相互联系。

定心练习的好处，不只是体现在会议中。有意识地在工作中建立社交关系，与工作水平和积极性的提高也有关联。一项持续数年的研究表明，和那些在信任程度较低的公司中的员工相比，在信任程度较高公司中的员工，心理压力降低了 74%，工作中投入的精力多了 106%，工作效率高了 50%，生病的天数少了 13%，工作主动性提高了 76%，对生活的满意度提高了 29%，感到疲惫不堪的时候少了 40%。现在，你对定心练习有什么感想?

◆ 领导定心练习

你可能想不通的最后一个问题是：谁来领导你们开会之前的定心练习? 不一定由你来领导。你团队中的某个人也许乐意承担这一任务，因为很多人如今都将正念融入他们的生活方式之中。或者，你也可以聘请一位顾问。还记得我此前提到过的精神导师莎伦吗? 每次我们开会之前，都请她来领导 3 分钟的定心练习。

你的某些员工可能对定心练习产生如鱼得水的感觉。我们注意到，许多想象力丰富（概念性思维）的个人同时也思想开明（变通特质），他们能够立即进入定心的程序。其他人可能深感怀疑，需要几个星期时间才能说服他们。这种做法起初带来的刺痛感可能使得你想忘记整个事情，但请你坚持下去。这个国家最聪明的人都在你身后支持你。

反 思

一般来讲，我们不会花足够的时间来反思。我们太忙了，忙到没有时间来思考。反思适用于除了婴儿以外的所有人，也适用于那些知道他们在做什么的人。有些人可能比另一些人考虑得更多，不过反思对每个人都是有益的。

我们在结束每次 EG® 会议时，总是简短地分享我们个人对会议刚刚讨论的内容的反思。我们在会议议程中留出了这些时间。我们发现：

- 个人反思的过程，给每次会议增添了额外的意义，并且将我们的意见统一起来。
- 相互之间听一听对方的想法，使我们有更多的观点可以参考，通常它会指向新的、有建设性的思路。
- 反复思考会议的内容并向与会者清晰表述我们自己的想法，它的一个额外好处是，这可以成为弥补个人盲点及增强团队凝聚力的一种意义深远的练习。

一般来讲，领导者会指出所有与会人员在会后要反思的问题。通常，这些问题涉及正在举行的会议，也与每个人息息相关。这些问题可以包括：

- 我从这次会议中获得了什么样的洞见?
- 我对我自己有了几分了解?
- 我们的利润在增长。这对我的部门来说意味着什么？我可以从中学到些什么?

- 我们的客户不满意。从这些经历中我能学到什么？

可以看出，这些问题将与个人产生联系。这有助于每个人将会议中的信息与他们成长的方式联系起来，最终有益于整个组织的发展。

安静的人（**表达特质**）更喜欢花些时间来整理自己的想法，因此在第一个人开始发言前，不妨先给他留点时间思考。收敛的（**分析性 / 结构性**）思考者可能质疑这个过程，但假如他们信任你，也会试一试。久而久之，他们的反思会变得非常有意义。我们的员工布拉德就是一个安静的、内敛的（**分析性 / 结构性**）思考者，他起初嘲笑这种占用他宝贵时间来反思的做法。你的员工队伍中很可能至少有 1~2 位像布拉德这样的人。不过，虽然他对第一次反思敷衍了事，但随着时间的推移，他越来越清楚地发现了这种反思的价值。如今，每次开完会，我们都等着听布拉德的想法，因为他的想法一定十分深刻并引人深思。

我们首先问“谁想第一个反思”，然后按顺序逐一发言。在所有人结束前，不允许任何人打断或交头接耳。没有人对此提出异议。在这些环节之后，领导者要对所有与会者的“反思”再进行反思。接下来的反思，通常有益于整个群体。最后，有了这些实践，所有的反思都变得越来越深刻。

反思触及了你的方方面面的经历、澄清了你的想法、帮助整合你的思维，让你知道什么重要，以及你想实现什么。它确定了你的学习范围并且深化了学习，还会增加你大脑中的神经回路，并扩张你的大脑皮层。回顾一下哪些做法是可行的，然后进行相关的联想，设定目标，并开发你的大脑——是不是跟反复思考十分相像呢？

执行步骤

1. 挑战你自己，让自己做一些感到刺痛的事情。试着在你下次开会之前进行定心练习。

2. 事先允许你的员工冒险并失败。

3. 花时间反思。

“第2条原则：拥抱刺痛感”的模板

1. **是什么使得每种特质的人都感到刺痛？**
   是什么将你逼出舒适区？

2. **怎样拥抱这种刺痛感？**
   你可以学着去喜欢新事物。

3. **不同的偏好怎样影响变革？**
   如果变革势在必行，不要试图抗拒变革。节省你的精力并通过你的思维和行为偏好来应对变革。

是什么使得每种特质的人都感到刺痛？

是什么将你逼出舒适区？

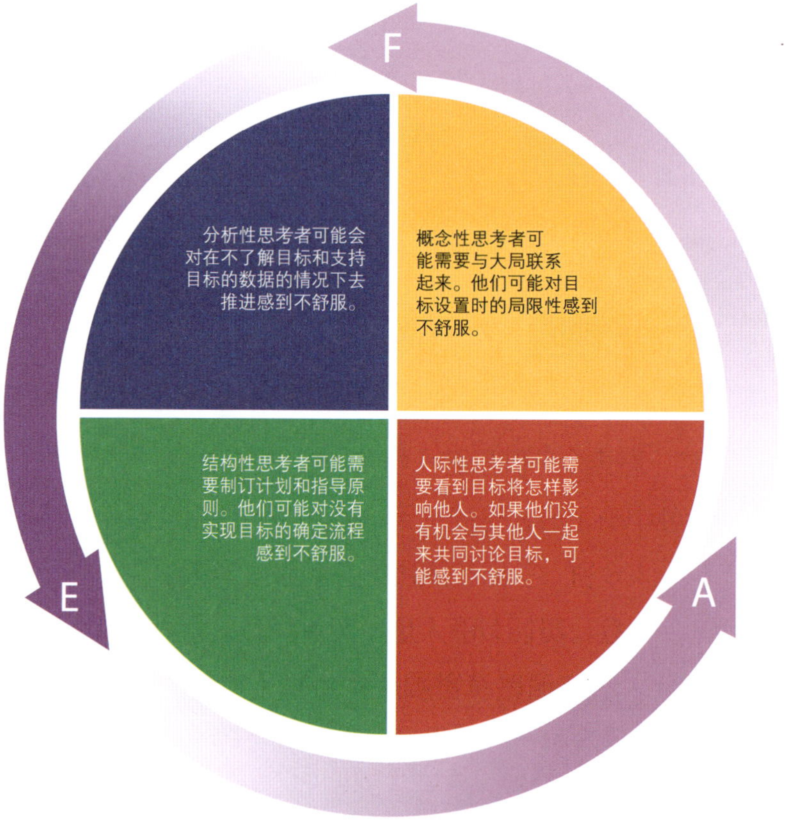

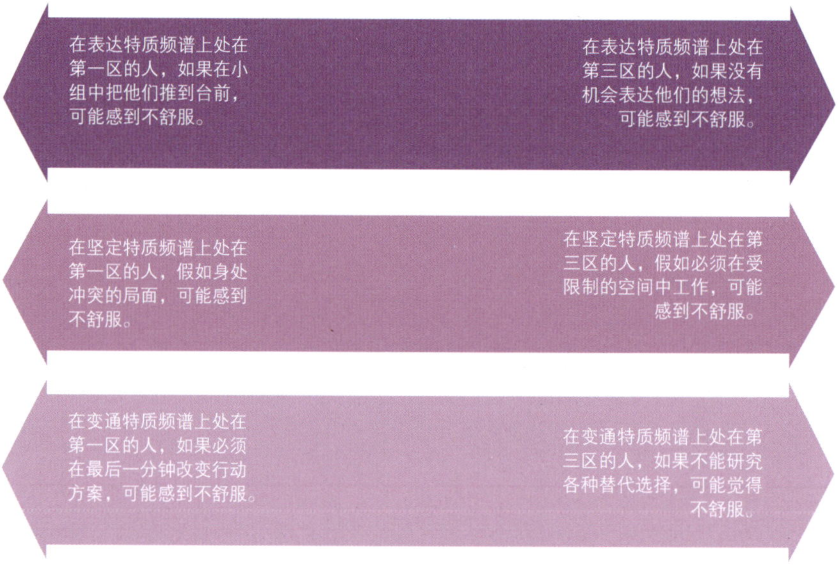

重要提示：这些特质中，没有哪一个是孤立的，而是和其他的特质交织在一起的，以创造WE团队的神奇。

怎样拥抱这种刺痛感？

你可以学着去喜欢新事物。

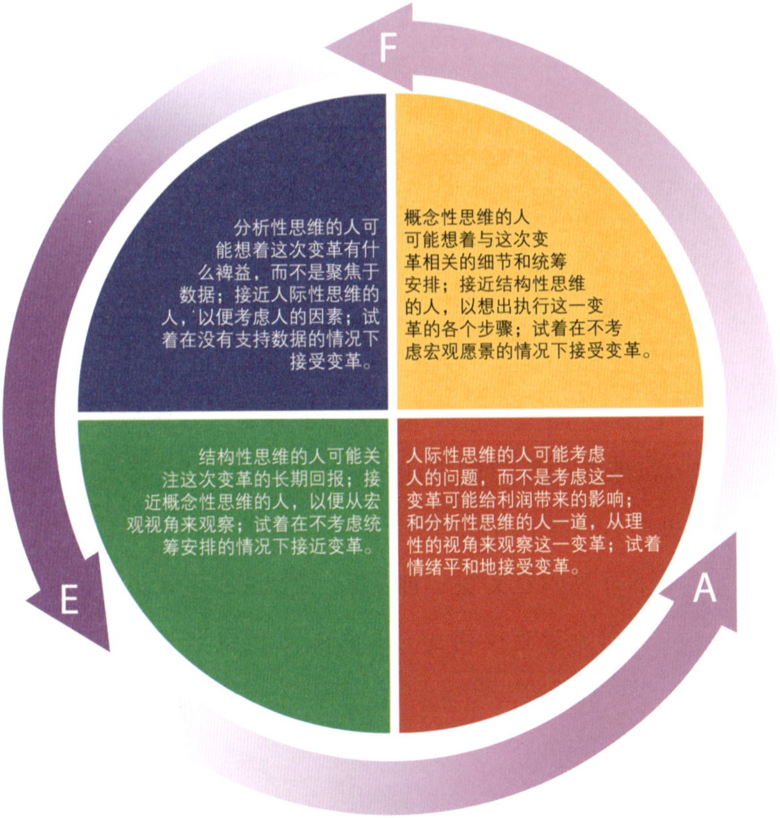

对你在表达特质频谱上处在第一区的现实提出挑战，把你所有的保留意见说出来。

对你在表达特质频谱上处在第三区的现实提出挑战，在说出你的想法之前，先听听别人的意见。

对你在坚定特质频谱上处在第一区的现实提出挑战，为某个有价值的想法站出来。

对你在坚定特质频谱上处在第三区的现实提出挑战，清楚地认识到你做得太过了，退后一步来审视其他的观点。

对你在变通特质频谱上处在第一区的现实提出挑战，假如你不喜欢这一变革，但同时易于接受新事物，试着不立即把这一变革拒之门外。

对你在变通特质频谱上处在第三区的现实提出挑战，思考为什么这一特定的行动方案是最佳选择。

重要提示：这些特质中，没有哪一个是孤立的，而是和其他的特质交织在一起的，以创造WE团队的神奇。

不同的偏好怎样影响变革？

如果变革势在必行，不要试图抗拒变革。节省你的精力并通过你的思维和行为偏好来应对变革。

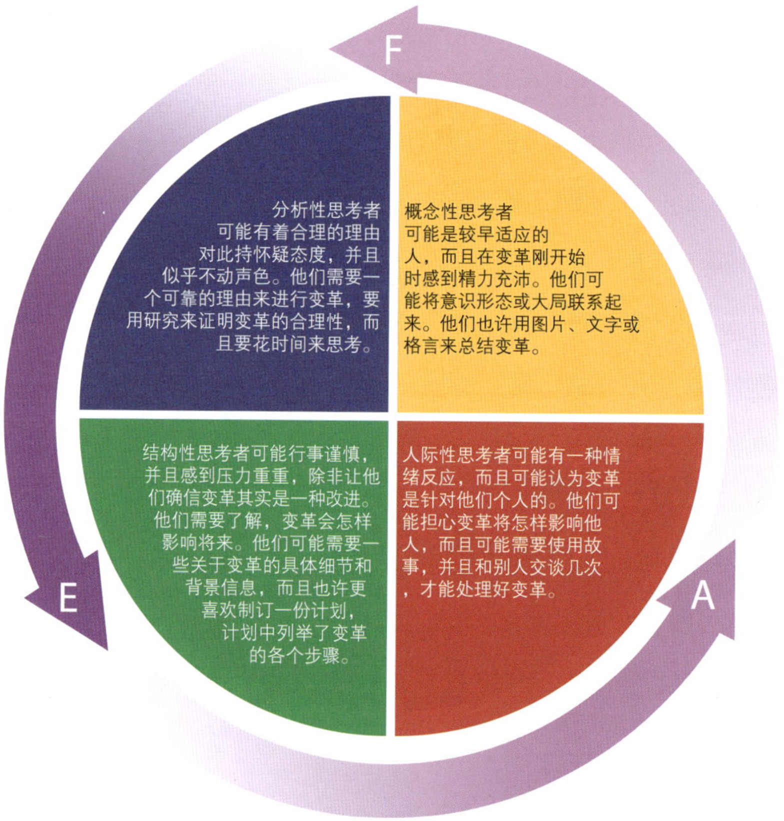

在表达特质频谱上处在第一区的人可能显得平静且支持变革，但他们也许需要时间在内心单独地接受变革。

在表达特质频谱上处在第三区的人可能显得十分接受变革，让人们觉得这不像是他们了。他们可能在外部处理他们的想法和情绪。

在坚定特质频谱上处在第一区的人可能齐心协力，以确保与团队达成一致。

在坚定特质频谱上处在第三区的人可能忘记问他们团队，他们是不是齐心协力。他们也许迅速解决冲突，而且可能想把事情尽快办好。

在变通特质频谱上处在第一区的人可能抗拒变革。一旦确定了新的方向，他们很可能精神百倍地投入工作中并且坚持到底。

在变通特质频谱上处在第三区的人可能过早地被人们视为在齐心协力做事，因为他们愿意讨论变革。

重要提示：这些特质中，没有哪一个是孤立的，而是和其他的特质交织在一起的，以创造团队的神奇。

第3条原则

使用优雅的语言

语言是强大的

优雅的语言不仅仅是语言。它是一种强大而有效的助推行为改变的工具。使用优雅的语言，首先要求你有意识地选择不同的语言风格，强调积极的想法和结果，然后鼓励其他人也同样这么做。随着你的员工越来越熟悉这种语言，工作场所中的思维模式也将开始改变。到最后，这将发展为行为的改变，并营造一种生机勃勃的公司氛围。

强调积极的一面

安静的工程师

德国家族企业凯驰（Karcher）是世界上领先的高效清洁系统提供商。凯驰的良好声誉建立在其一流的业绩、创新和质量上，因此企业总有一种持续的动力来更新及改进其产品。

凯驰的一位工程师给我们发来一封电子邮件，说他的团队一直受到某个制造问题的困扰，这个问题他们始终没能解决。在凯驰，他们常用的方法是举行激烈讨论，然后继续下去，但这一次，他们的讨论会没有产生效果。

团队领导者曾在 EG® 受过培训，但和有着分析性思维偏好的人一样，这位领导者在研讨会期间总是心存怀疑，培训中只是敷衍了事，心不在焉。在绝望之际，他决定重新了解他曾学过的东西。

他意识到自己忽视了团队每位成员的剖面图，于是他重新审阅了它们，并发现自己从来没有听到一位工程师发表过意见，这位工程师在表达特质频谱上处在第一区。他不动声色地找到这位工程师，问他是否可以围绕问题的解决提出建议。

这位安静的工程师没有生气或不配合，也没有隐瞒信息。他只是没有做好准备在整个团队面前说出自己的意见。通常，在表达特质频谱上处在第一区的人会非常小心地处理信息，而且他们认为他们的建议不会受人欢迎，因为团队在没有收到这些建议的时候已经在前进，并且找到了下一个措施。除此之外，在众多更喜欢发表意见的团队成员之中，这位工程师的资格并不老。

团队领导者采取了一个超出凯驰典型企业文化范围的措施，向这位安静的工程师寻求建议。团队领导者在邮件中告诉我们这些，目的是让我们知道，这位工程师提出的建议最终形成了团队急需的解决方案。有了这次成功的经验，如今，团队的成员都改变了他们相互交流和互动的方式。

作为一位领导者，你每天不但要面对不同员工的技能组合，还要面对他们的内心想法、思维方式、自尊和热情。在 EG® 国际公司，我们出于以下两个原因来使用优雅的语言：

一是，为了强调积极、有建设性和乐观。不经过思考的批评或随意的评论可能让员工感到震惊。建设性的词汇及经过精心挑选的短语，有助于他们感受到你的支持和鼓舞。使用优雅的语言，还可以动员和激励你的员工，在整个公司营造积极的职场氛围。

二是，为了相互尊重对方的剖面图，以及慎重地选择那些倾听者最容易理解的词汇和短语。人们怎样说话，以及他们听到些什么，将受到他们的偏好的影响，而你不能自以为你所说的话或写出的文字的含义本身就显而易见。你可能非常清楚地表达了自己的观点，但对方理解的前提是他和你是一样的人。与此同时，具有其他偏好的人不一定理解你原本想表达的意思。优雅的语言有助于营造一种助推交流的公司氛围。

积极心理学眼下正处在其发展的全盛期，而说到为什么乐观的视角有益于你的企业，有许多得到充分研究的、可通过科学方法验证的原因。一项研究发现，最乐观的领导者其效率排在第 89 个百分位，而悲观的领导者的效率仅仅排在第 19 个百分位。这项研究还总结到，领导者可以用来提高士气的最佳职场实践包括：

1. 将错误视为暂时的挫折。

2. 把注意力集中在解决方案上，而不是推卸责任上。

3. 为好消息庆祝。

4. 用独特的视角来寻找价值。

5. 聚焦长远目标，以调动团队成员的积极性。

6. 用热情甚至幽默鼓舞他人。

7. 足够谦虚地接受批评，并从中学习。

8. 以有益的方式提供诚实的反馈。

我赞成上述清单，但我首先还会增加一条：关注你的语言。这是建设一支充满朝气和团结协作的员工队伍的重要组成部分。

在 EG® 国际公司，我们持续不断地竭力维护自身积极的企业文化，同时也帮助客户这么做。当我们可以强化积极的因素并消除消极的因素时，我们便全心全意地去做！

做一位合格的领导者，很大程度上在于激励他人。要牢牢记住，积极的消息比消极的消息更有效。

当你开始以积极的方式思考和说话时，一定要记住，大脑不能处理消极的目标。如果有人说“别慌张”，反而立马会使听到的人慌张起来。如果有人说“保持冷静，所有人都保持冷静”，那么大脑便知道要做什么。“禁止酒后驾车”这条标语从来就没什么效果，因为大脑接收到的信号是“喝酒和开车”。这也是将这些标语修改成诸如“负责任驾车”之类的措辞会变得更有效的原因。在欧洲，你可能听说过“喝酒之前想一想”；而在亚洲，有一项“运动”称为“外出少喝酒”。

◆ 消极语言怎样影响大脑

永远不要怀疑语言的强大力量。当研究人员把研究对象放到磁共振成像设备中，并且在他们眼前以极快的速度闪现“No”（不）这个词时，发现他们的身体立即释放了几十个与压力相关的神经递质及各种各样的荷尔蒙。这些化学物质干扰了正常的大脑功能，损害了逻辑和推理技能及语言处理功能，也就是损害了沟通的功能。所有这些都是在潜意识里发生的，而且时间不超过 1 秒。

当焦虑的人们瞟一眼由负面词汇组成的列表时（我不会把它们列出来），他们会感到恐惧。如果长时间看这个列表，他们会感觉更糟糕。这可能干扰他们生活中的一切，从他们的睡眠到感受幸福的能力。如果他们皱眉或大声说些什么（比如说："哦，不"），甚至会释放更多的压力化学物质——而且，听他们说话的人也会变得焦虑。光是语言，即使不放到任何的背景之中，也能强化焦虑感。它们可以制造哪怕最小的有害的交流，并且破坏信任及合作。消极的人们在他们的悲惨命运中从来不孤单，因为我们都能和他们一样感受到他们的悲惨。

引发恐惧情绪的语言导致大脑释放破坏性的影响神经系统的化学物质。在愤怒的警示信号中说出来的消极语言，可能让我们变得不理性。摆脱这种境况的方法是不再皱着眉头，有意识地努力中断消极的思考：在一天之中花时间感恩；想一想诸如爱、欣喜、平和、同情等词语；和他人分享快乐的事情……并且使用优雅的语言。积极的语言可以激发特定的基因，降低生理的和情绪的压力，促使大脑的激发中心开始工作。语言是决定公司氛围的强大力量，因为选择正确的措辞，可以让每个人都感觉更好，也有助于员工之间建立更加信任的关系。

◆ 使用提升正能量的积极语言

说话的方式总是不止一种，应选择表现出更加乐观与更多热情的方式。表 3-1 是丹尼森降低和提升正能量的词汇列表。

表 3-1

降低正能量	提升正能量
努力（try）	尽最大的努力（Do my best）
我记不住（I can't remember）	我还没记住（I haven't remembered yet）
我输了（I lost）	我这次没赢（I didn't win this time）
我停下了（I stopped）	我还没做完（I haven't finished yet）
我放弃了（I quit）	我要休息一下（I'm taking a break）
这是个问题（This is a problem）	这是个挑战（This is a challenge）
我讨厌（I hate）	我更喜欢别的（I'd prefer something else）
对不起，我搞砸了（I'm sorry I messed up）	对不起——我可以怎么来补救？（I'm sorry – how can I help fix this?）
你绝不能（You never）	为什么我们不（Why don't we）
假如（If ）	当……时（When）

◆ 现在就要改变措辞

优雅的语言强调积极、关爱和联系。词语传递尊重（或不尊重）、理解（或不理解）和支持（或蔑视）的含义。如你在上表中看到的那样，只要稍稍改变措辞，便能极大地改变公司的氛围，将冷漠转变成鼓励、乐观及安慰。不带偏见的企业文化，将使员工在失败中前进，并且做到坦诚，不担心遭到报复。

在公司中使用“WE”这个词

不用怀疑，你一定听到皇室成员说“我们”（we），也在报纸社论上读过“我们”（we）。在我们的办公室中，我们使用 EG® 国际公司的“WE”，它是 Whole Emergenetics® 的简称。对我们来讲，“WE”是个超级强大的词。例如，WE 团队就极其重要，因为它包含了每种特质。在我们的会议中、邮件中、与客户的交谈中，我们集体使用“WE”这个词。它强调了这样一种观点：我们是作为一个整体团队来做事的，这个团队称为 WE 团队。这些内容至关重要，因此我们将用专门的一章来阐述，那便是“第 5 条原则：运用‘WE’的力量”。

使用“WE”这个词，不但缩小了“我”和“你”之间的鸿沟，还有助于缩小管理层和非管理层、男性和女性、偏好某种特质和偏好其他特质的人们之间的鸿沟。我们的办公室内包含具有形形色色剖面图的人们，但“WE”这个词将所有人团结在一起。一旦我们开始在语言的使用上产生鸿沟，那么也将在现实生活中产生鸿沟。

我们在新加坡分公司的墙上贴着这么一条标准：“我们尽自己最大的努力相互帮助。”这提醒我们注意，每个人都不会比其他人更好。这还提醒我们注意，当我们看到某种方法不可行，或者发现有的人没有进入最佳工作状态时，都要伸出援助之手。帮助的范围很广，从发出友好的提醒（如果我们知道某个人容易忘事的话）到做别人的好朋友，使他们觉得工作任务不再那么可怕。如果说办公室内存在竞争的话，那么这种竞争总是本着促使他人达到最佳工作状态并帮助他们取得进步的目的。看到别人正在尽最大努力为公司奉献自己的才华，我们为他们的胜利庆祝，因为他们的成功也就是我们的成功。

说“我在尽最大的努力”，而不是“我正在努力”

我们禁止说的一个词是“努力”（try）。教练们知道这一点。他们从来不对团队说“努力拼搏”。最好是说：“走出去，尽你最大的努力，并且干得开心。”提醒你的员工，当有人问及他们取得了怎样的进展时，不要回答说：“我正在努力！”这种回答蕴含着一种内在的挫败感和失败感。相反，可以让他们回答：“我在尽我最大的努力！”这种回答则与个人的抱负和决心产生共鸣。在你的办公室内开始这样做，并注意观察这种做法带来的变化。

解释你正在做什么，而不是说“我很忙”

我们还想方设法禁止另一个词出现在我们办公室，而且也鼓励我们的客户同样禁止。我们甚至不希望我们的 EG® 家族听到这个词。这个词便是“忙”。

那我们怎样避免使用这个词，以及这样做又能怎样帮助我们呢？“忙”这个词，说到底是一种逃避。我们通过在公司的词汇中消除这个“逃生舱口”，鼓励员工全面深入地考虑他们正在做的事情，而不是把它当成一种故意的干扰或要求见面或说话的请求而马上予以否决。

当你真正提高警惕，面对一次最后期限，并且感受到了压力时，要坦诚面对，而不是说“忙”。简单地说一句：“对不起，我主动参与了好几个项目的工作，每个项目的最后期限都快到了。让我们明天再说吧。”这样一来，最起码跟你打交道的那个人会知道你正面临什么，甚至可能向你伸出援手。

当有人问起：“你一天下来过得怎么样？”最好的回答不是“我很忙”。实际上，每个人都忙！更好的回答类似于这样：“我正打了鸡血似的追求我的目标。”我们在伦敦的同事们喜欢这样说：“我正在疯狂地变着转盘子的戏法。”尽管这种说法严格地讲并不积极，但它至少让我笑起来！

沟通就是一切

有效的沟通远远不只是交谈那么简单。在 EG® 国际公司，我们敏锐地意识到，具有不同剖面图的人们将以不同的方式说话，并且以不同的方式解读话里的含义。两个怀着好意的人，可能在交谈时抱有完全相反的目的，因为他们的大脑不会以同样的方式想到一块儿去。

沟通有着不同的活动部分，它们全都同样重要，因此如果你真的想让别人理解你，那就必须调整你自己的特质，以便和正在与你交谈的人的特质相匹配。在每次沟通交流时，考虑以下这些内容：

- 我怎样以一种积极进取的、充满活力的方式来表达我的思想？
- 我怎样确保具有不同剖面图的人能正确地解读我话里的含义？
- 我必须保证他们懂得我在交流时的想法。
- 我必须记住，当我在专心思考别人的反馈时，一定要考虑他们的剖面图。

同样的建议也适用于写作和演讲，无论你是在进行一对一的交谈、向一大群人发表演讲、写电子邮件、写感谢信，还是给员工们写备忘录。顺便说一句，即使当别人不在场时，你和另一些人谈论他们也要始终精心维护你的标准。你永远不知道你说的哪些话将被人们口口相传——此外，听你说话的人将会怀疑，你会不会同样也背地里议论他们。

当人们试图解释某件事情，但他们说的话具有完全无意识的和不曾料想的结果时，意图与影响之间将会出现分歧。通常情况下，由此导致的误会甚至会带来更大的问题，因为出现这种情况后，人们往往会产生一些假设。例如，“他都不知道他在说些什么”，或者“即使最基本的指令，她都不能理解”。

让我们假设一位具备抽象性思维能力（分析性/概念性）的领导者正在把某项任务分配给他的团队。他非常看重目标，那是他讨论的唯一一件事情。他对细节不是特别感兴趣，同时，如果有别的人和他一块儿探讨在完成任务时还有哪些可用的选项，他会觉得很好。

假如接受该任务的人也是一位抽象性思考者（分析性/概念性），他可能理解这一挑战，并且渴望立即接受挑战。

假如接受该任务的人是一位具体性思考者（结构性/人际性），他可能感到疑惑。他会向同事抱怨，说领导者刚刚给他下达的任务没有交代任何他需要的信息——既没有截止日期、没有预算方面的考虑，也没有指明该向什么人寻求额外的支持，等等。他会推断，这位领导者可能连怎么去完成任务都不知道，否则的话，他给他下达任务时会提供他需要的这些信息。

◆ 关注 EG® 剖面图

想要在和他人交谈时运用 EG® 方法，你需要考虑对方希望你怎样对待他们。但是，如果不去深入地了解他们，你又怎么知道他们内心的想法呢?

首先，关注他们的剖面图。人们以为我具有特别的洞察力，但我对其他人的所有了解都是从深入研究具有不同剖面图的人时得来的。尽管没有和某个人见过面，但我可以观察他的剖面图，当然也就能预料他如何思考和行动。我知道，不能用我对交谈的热爱（表达特质）让一个安静的人感到手足无措，也不能试图用我最有意思的疯狂的故事去给某个遵守规则的人（结构性思维）留下深刻印象。我通常可以根据剖面图做一些有根据的猜测。例如，这个人会认为什么是有益的，什么东西能够激励他，他尊重其他人的哪些方面，他更喜欢以怎样的方式接收信息，他怎样决策，他怎么看待变革，他怎样看待我，诸如此类。关注这个人的所有个人偏好，使我不再只考虑我自己，而是把注意力集中在他的身上。当我和别人见面时，我从我们的交谈中得到更多的信息，同时也尽量降低沟通不畅的可能性。

每个下载了在线剖面图的人都可以使用我们免费的 EG® 智能手机 App。如果你是团队中的一员，那么团队中所有的剖面图都可以自动载入这个 App，以便你们可以相互联系，并且能够持续地访问你认识的与 EG® 相关的每个人的剖面图。

谢莉（其剖面图见图 3-1）是个人本主义者（人际性）和具有创造力（概念性）的人。她的上司是公司的财务总监佩妮（其剖面图见图 3-2）。后者注重数据（分析性），并且和谢莉一样具有独创性（概念性）。尽管谢莉与佩妮共事有一段时间了，但谢莉每次去见佩妮，还是将 EG® 的 App 作为一堂在职培训课，想通过它来了解如何与佩妮建立和谐关系。例如，交谈时该说些什么样的话，如何运用“白金准则”，以及怎样建立相互的尊重。这个 App 使得谢莉能在与佩妮交谈时注重发挥自身真诚的优势，而不是去揣摩佩妮有哪些能力。她们每次交流都进一步增进了两人的关系，而每次积极的沟通都融入了她们的良好职场氛围中。

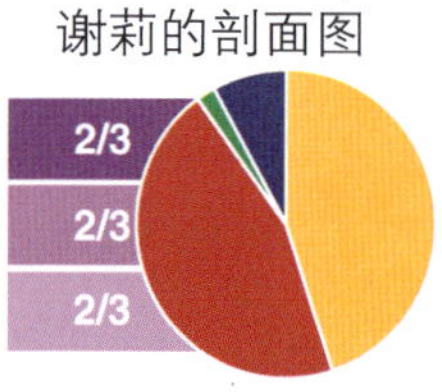

图 3-1

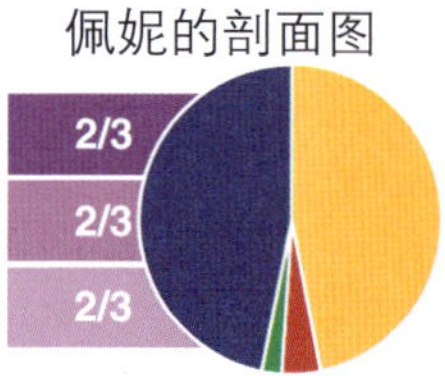

图 3-2

◆ 使用“三等分”

EG® 剖面图是一种基于优势的评估。我们在描绘一种剖面图或这种剖面图的任何元素时，十分清楚地知道要使用基于优势的语言。当你收到你自己的 EG® 剖面图时，我们将告诉你怎样来评估你的特质并发挥你的优势。

我们刻意避免使用评判式语言来描述不同的特质。例如，不具备某种特定特质的人们，不会遗忘任何事情。他们就是那样。同样，尽管我们将人们具备的特质认定为是他们的优势，但不会把他们不具备这些特质认定为是他们的劣势。

你已经看到，每种行为特质都被描绘成一个频谱，该频谱被分为三个等分(见图 3-3)。我们不说人们表达特质不是很强(那听起来像批评)，而是说他们安静（表达特质）。我们不说人们没有耐心（同样也带有某种攻击意味)，而是说他们有抱负(坚定特质)。我们不说人们不灵活(这又是一个带有否定含义的词)，而是说他们专一（变通特质）。

图 3-3

我们用三等分来描述行为特质，是因为：

1．这种表现手法反映了一般人群的情况。

2．有助于我们远离诸如高或低之类的负载了价值的词汇，这些词汇与剖面图并没有意义上的关联。

在本书中，我们尽可能避免使用第一区、第二区、第三区，因为当你还没有习惯时，会感到这种术语十分别扭。不过，一旦你开始认真地使用 EG® 方法来改造你的公司，你会发现用“第 × 区”来描述，能够让你从评判他人的过程中解放出来。

每个人都拥有某种程度的表达特质、坚定特质和变通特质，而且能够根据当时的情况来收敛他们的偏好。在表达特质频谱上处在第三区的人，在和他人相处了较长的时间后，需要一定的时间来重新焕发活力。在坚定特质频谱上处在第一区的人，假如他的价值观受到了挑战，他可能会收敛他的偏好以变得更有抱负。在变通特质频谱上处在第三区的人，如果发现自己在某件事情上是协议的破坏者，他可能在这些事情上变得坚定起来。不过，一般来讲，每个人的内心都在每种行为特质上有一个固定值，可以用三等分来描述。

用不同的剖面图来分析人们的特质

优雅的语言的一部分是尊重人与人之间的差别，也就是要以适合人们剖面图的方式来对不同的个人说话。如果我重视和你的交谈，便会以一种能与你产生共鸣的方式说话。

假如我想方设法使用你正在使用的语言，你将会更好地理解我。不论我是打算了解你、与你合作、推销东西给你、给你分配任务，还是调解一项涉及你的分歧，我都会竭力将我说话的方式与你的匹配起来（同时也在行为方式上尽量与你匹配）。本章原则对应的模板中，“如何与不同特质的人说话”可以给你一些建议。

◆ 分析性

具有**分析性**思维偏好（其示意图见图 3-4）的人通常理性而高效。如果他们对某一主题感兴趣，会收集现有的最佳数据并深入挖掘信息（他们是深入钻研者而不是泛泛了解者）。他们更喜欢从各个角度来研究某一主题。在与他们交谈时，越简洁越好。他们更喜欢精准的、合乎逻辑的措辞与总结，不希望进行冗长的讨论或情绪化的呼吁。他们是快速学习者，习惯于迅速吸收信息，因此在和具有这种偏好的人交谈时，不要用大量的细节来困扰他们。将信息量削减到最低限度，并为他们提供关键的事实、基于准确数据而得出的结论，以及他们需要研究的各种素材。他们非常喜欢有提问的机会。如果他们问你一个问

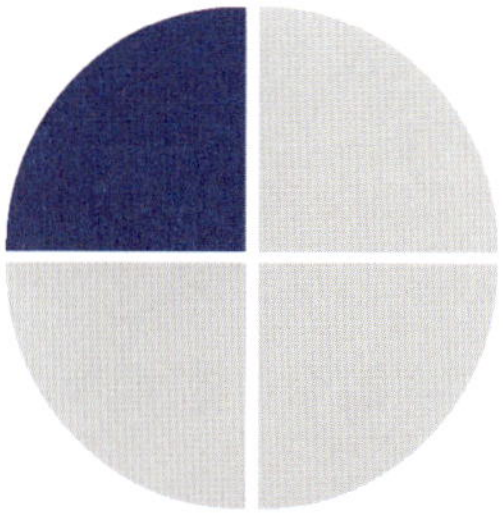

图 3-4

题，而你不知道问题的答案，不要试图把自己逼上悬崖；只要告诉他们，你过会儿会再来找他们就可以。不要犯错，因为他们永远不会忘记。

◆ 结构性

具有结构性思维偏好（其示意图见图 3-5）的人通常务实、有条理、以细节为导向。他们更喜欢明确的、表达清晰的措辞和交谈。他们擅长吸收大量的事实并在混乱中创造秩序。但是，不要以混乱不堪的方式为他们提供信息。以井然有序的方式向他们介绍所需的全部信息，同时指出明确的方向。他们觉得书面的信息更有益。要记得保持在正轨上，不要突然离题或使他们感到震惊，并且努力做到不突然提出一些让他们意想不到的事情。具有这种偏好的人对秩序有着强烈的感觉，而且会遵循各种指南、规则或制度。如果你的讨论进入了他们不熟悉的任何领域，或者涉及了并未被确定为公司优先事项的内容，可能会遇到他们的强烈反对。如果你确定了一些时间界限并事先通知他们，给他们机会来澄清和寻找更多的信息，他们会感激你。

图 3-5

◆ 人际性

具有人际性思维偏好（其示意图见图 3-6）的人通常会意识到正在发生的或正在讨论的任何事情中人的因素。他们往往富有同情心和同理心，对他人有着敏锐的直觉，并且具有社交敏感性。他们会第一个询问某项公司的新制度将对每位员工产生何种影响，而且会倡导公平公正，或者为那些不在

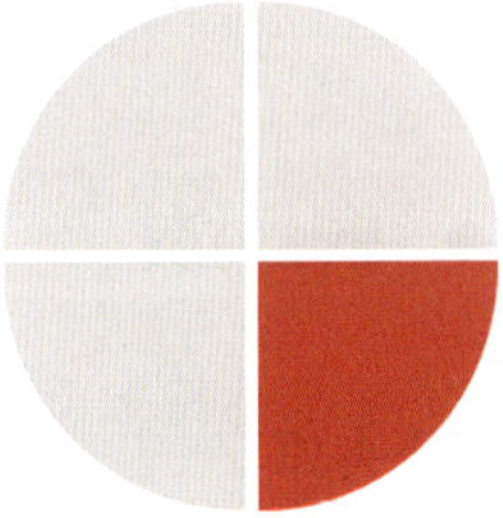
图 3-6

场的人说话。和具有这种偏好的人交谈时，不要只提供事实。他们想听故事，并且喜欢个性化的、鼓舞人心的措辞和交谈。他们不会羞于表达情绪，因此要支持他们的热情。要留意的是，他们比较敏感，你可能会在无意中伤害到他们。问他们对你正在探讨的事情有什么感想，并且让他们知道你重视他们的意见。具有这种偏好的人更看重诚实的品质，而不喜欢造谣中伤。

◆ 概念性

具有概念性思维偏好（其示意图见图 3-7）的人通常极富创造力和想象力，以至于很可能马上就对你失去兴趣。他们的思维活跃，总在想着新点子、事物的内涵，并且时常突然之间跑题。他们自然而然地从全局的角度思考，考虑宏观层面和长远的可能性。他们擅长打破旧障碍，提出富有创造力的新的可能性与解决方案。具有这种偏好的人喜欢有趣的、异想天开的事情，并喜欢幻想未来会发生的事情，不喜欢乏味的和经过演练的事情。他们更喜欢幽默的、鼓舞人心的措辞和交谈。如果你运用比喻，并让他们有机会自己来填补一些空白，他们会更愿意听你说话。不要以为他们马上就给你答案——他们需要时间进行头脑风暴，并且让新的创意浮现出来。也不要用大量的细节来困扰他们——他们根本不会听。

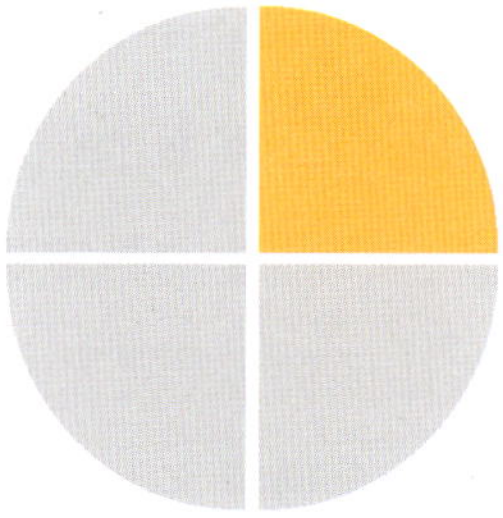

图 3-7

◆ 表达特质

在表达特质频谱上处在安静一端（见图 3-8）的人通常内向并保留自己的意见。尽管他们的大脑忙于处理你正在表达的信息，但他们的面部表情很可能没有任何变化。即使他们内心对正在讨论的主题有着强烈的看法，或者觉得某场交谈令他们很生气，他们也会保持克制。大多数具有这种偏好的人会坚持倾听，但不会表达任何意见，除非你直接问他们。他们更喜欢在内心处理信息。找个没人听见的地方和这种人交谈，并且进行一对一的、深入思考的交谈。在你说话之前先想一想，保守地说话，比平常少说些话（除非你们有着相同的剖面图），运用恰如其分的语气。在你们交谈的中途如果出现了沉默，别慌。如果你在他们没有做好准备的时候就请他们说出他们的看法，会制造某种程度的紧张关系。

图 3-8

在表达特质频谱上处在爱交际一端（见图 3-9）的人通常性格外向，健谈，充满活力。他们喜欢令人兴奋的、朝气蓬勃的措辞与交谈，可能在你说话的时候需要走来走去。不要保留太多，否则你会被他们“碾压”，尽管以你认为的最好的方式去沟通。具有这种剖面图的人喜爱交际，开朗活泼，不害怕集体交谈——甚至可以同时参加好几场交谈。他们会和你大声地交谈，而且他们在谈话结束时说到的事情，可能与刚开始谈话时所说的事情完全不同。

图 3-9

◆ 坚定特质

在坚定特质频谱上处在平和一端（见图 3-10）的人通常更喜欢亲切的、合作的、缓和的交谈及措辞。他们喜欢温和的、从容的节奏，不喜欢冲突或戏剧化。不论他们在想什么，他们会保持彬彬有礼，因为他们在任何情况下都不想惹是生非。在人群中，他们表现得中立，并且希望围绕你的话题而营造舆论，无须他们表达自己的意见。具有这种剖面图的人十分顺从，以至于你要寻求他们的意见。不要试着催促他们。

图 3-10

在坚定特质频谱上处在推动一端（见图 3-11）的人通常有着强烈的抱负并且比较强势。他们喜欢快言快语的交谈。他们乐于参加充满激情的辩论，因此要做好和他们热情四射交谈的准备。他们不介意被打断或有竞争的氛围。他们不打任何小算盘，可以和你自由地分享他们的见解。一旦他们确定他们喜欢你的解决方案，你要做好立即付诸行动的准备。身边有具有这种特质的人而不是处处和你唱反调的人，总是一件好事！

图 3-11

◆ 变通特质

在变通特质频谱上处在专注一端（见图 3-12）的人不会去寻找大量不同的选择，也不会去寻求开放式的探讨。他们更喜欢精确的措辞和交谈，用清晰明确的和令人信服的论据来佐证观点。如果你向具有这种偏好的人解释为什么变革势在必行，他们会对变革持开明态度。他们容易做出决策，并且坚定不移地坚持他们的看法。他们会认真倾听执行计划，以便在你讨论你的主题时看看有哪些方法可以转变成着手完成它们的具体行动。一旦确定了行动路线，他们想要一路观察自己的进展，直到任务完成。这是他们的行事方式，因此你将很难改变他们的主意。

图 3-12

在变通特质频谱上处在欢迎变化一端（见图 3-13）的人通常是亲切的、可改变的。他们接受不确定性，并且相信生活是不断改变的。他们对各种可能性如此开明，甚至到了不介意改变、修订和中断的地步。他们不在乎自己怎样接收信息，但确实需要时间来权衡各种不同的选择，然后再确定其中的一个。如果你正面临一个迫在眉睫的截止期限，需要做出一项决策，尽可能给这些人多一些时间，但同时要明确最后的截止时限。

图 3-13

EG®的通用语言

EG® 的美妙之处在于，它提供了一种描述世界各地的人们如何思考和行动的语言，这有助于我们了解自己并且相互理解，不论我们是在一家小公司并肩合作，还是在纽约市一幢密闭的摩天大楼正与热带地区一栋开放的平房之间展开长距离的交流。

以下三个故事例证了对优雅语言的相互理解如何使得不同个人与团队之间的沟通交流更加畅通。

◆ 全世界两个半球之间的协作

一家大型的工业公司在世界各地都设有分公司。有一次，公司将一个项目分配给两个团队来做，其中一个团队位于印度的班加罗尔市，另一个位于纽约市。两个团队的成员都讲英语，而且都拥有一些从事技术含量极高的工作的工程师。这些人在很大程度上运用**分析性**和**结构性**思维，这种思维十分适合他们所从事的工作，但并不是最容易融合的那些剖面类型。公司指示两个团队创建一个虚拟的工作小组，工作小组交叉负责、无缝协作，尽管小组成员从来没见过面，相距 8 300 英里（约 13 358 千米）之遥，而且两地的时差为 9.5 小时。

首先，工作小组的一位副组长召集纽约市的小组成员召开 EG® 会议。第二天，另一位副组长在印度召集了同样的会议。所有与会人员都接到了同样的工作任务：将 EG® 的 App 下载到他们的智能手机中，通过互联网与某个人联系，并使用所谓的 3-2-1 练习，借助 Skype 这个社交媒体来介绍他们自己。这一次，公司要求与会人员观察他们的联系对象的 EG® 剖面图，并确定他们认为这些剖面图展示了什么。(你也可以运用这个练习来解释你自己的剖面图。)他们将讨论的“3-2-1”是指：

3．与这个人的领导风格相一致的三个关键要素。

2．这个人在和其他人共事时需要了解的两个关键要素。

1．与这个人沟通的一种最佳方法。

这样一来，公司要求每个人都依据另一个人的剖面图对其做出有根据的推测，而两个人都有机会相互探讨这些推测到底有多么准确。来自虚拟小组的反馈是，他们对推测的结果极为满意。他们开始互相了解，并马上理解对方的性格特点，这使他们能够更加迅速地提升工作效率，速度之快超出了任何人的预期。

◆ 在《财富》500 强公司中取得成功

一家服务于全球市场的大型金融机构拥有 9 000 多名员工，他们分布在 200 多个国家和地区，如今却面临以下这些挑战：

- 难以在其遍布世界各地的分公司中营造同样的职场氛围。
- 难以在 200 多个不同的国家与地区中以同样的方式提升客户服务。
- 难以建设一种基于优势的企业文化，这种文化可以轻松地与众多不同的地方文化融合起来。

他们的总体目标是确保每家分公司都以相差无几的水平为母公司做贡献。他们意识到，由于分公司的员工队伍来自世界各地，再加上数量众多，需要在培训和能力提升方面增强一致性，还要改进员工之间交流的方式，并且为团队的成功创造最优的条件。

这家公司选择 EG® 构建了一个完整的电子学习计划，覆盖 3 000 名员工。这个计划在参与人数上堪称大规模计划，而且涵盖的主题十分全面，包括每个人的剖面图、在重要技能上的电子学习模块、统一的工作工具、基于网络的学习、大规模网络研讨会，以及打印的补充材料。

这个协调一致的电子学习计划十分成功，在整个公司中引入了 EG® 的通用语言；提高了员工的绩效；密切了员工之间的合作；减少了远程通信和实地出差的费用；并且为洞察员工的思维、行为、工作风格、沟通方式等提供了解决方案。员工们的反馈显示，98% 的参与者都建议他们的同事和领导者加入此计划。据估计，他们节约了超过 50 万美元的人力资源咨询费用，而且今后不再需要支付这笔支出了。

◆ 培育优雅的语言

谢莉 • 唐是新加坡国立大学的一名毕业生，她给我们写信说：我的团队成员和我参加了一场在中国上海举行的 EG® 海外现场研究活动。作为研究活动的一部分，我们 12 个人全部在出发之前收到了我们的 EG® 剖面图。

在旅行途中，我们围绕应当怎样确定最终的可交付成果的范围和格式产生了分歧。这导致我们开了一系列冗长的会议，并最终与一个人产生了冲突，致使沟通中断。为了解释这些事情，我们分成了人数更少的团队，并探讨了导致冲突的可能的原因及替代方案。

让我感到吃惊的是，在这整个事件中，尽管我们的沟通中断了，但所有人都并未产生不好的感觉。我们不知不觉地倾向于找出与我们冲突的人的剖面图，并且运用我们掌握的 EG® 知识，试图理解为什么会产生分歧。

有一位团队成员不停地说："这是概况，我们可以随后再来讨论细节。"但有几位成员对他感到不舒服。后来，这几位成员意识到，并不是因为他们觉得这位成员太懒惰，不想去考虑最终报告的结构，而是因为他的主要特质是概念性思维，而他最不喜欢的特质是结构性思维。这帮助我们通过他的思维偏好进一步理解了他，因而使得冲突更容易化解。

反思

不同世代的人培育了不同的特质，而语言的运用在很大程度上就属于这种差异。你对词语的选择，可能有助于沟通，也可能有害于沟通，甚至使对方感到受了羞辱。如果你是前几个世代的人，会记得那些着重强调缺陷的具有破坏性的表述，如“你真笨”“你好蠢”“你不会数学”“女孩不能踢足球”“男孩子不能哭”，诸如此类。语言确实是强大的，它所需要的只是一次这样的经历来给你的整个人生增添色彩。另外，许多“千禧一代”从小就听到一些有建设性的语言和短语，这些语言鼓励他们的优势，分享他们的感受，如“尽你最大的努力去做”“只要你多练习，便可以做得更好”“你已经很擅长和数字打交道了”，或者“不同的人擅长不同的事情，你就做你自己，挺好的”。首先从人们偏好的特质开始，并且了解人们喜欢怎样思考和行动，就有可能增强他们的优势，而不是期待他们变成另一个人。

执行步骤

怎样着手营造一种充满感恩的企业文化?

1. 首先要十分清楚你选择的词语。先看它们怎样对你个人产生影响，这将强化你对它们如何影响别人的感觉。接下来改变习惯。例如，对别人说“我会在今天下午4点之前一直不停地打电话”，而不是说“我很忙”。记住，使用开放式的短语（例如，“我们现在还没有赚到10亿美元”）。要察觉评判式的或负载了价值的词汇（如“非常”“高度的”“不”）。使用提升正能量的词（把“我输了”换成“我这次没赢”，并把“努力”换成“尽自己最大的努力”）。

2. 要记住其他人的剖面图，并使用能让他们产生共鸣的词语和短语。此外，还要调整你的说话风格，以便与他们的行为特质一致。有的人可能会把一场令人振奋的辩论视为对他人的压制。

3. 获取团队中每位成员的EG®剖面图（最好是你所在的工作场所中每个人的剖面图），并将它们下载到EG®的App中去。这将使人们在交谈时，可以方便地了解他们需要使用什么样的词汇，还将有助于将优雅的语言嵌入工作场所中。像本章介绍的谢莉和佩妮那样，在和别人见面时，先查看他们的剖面图，确保你们的交谈尽可能卓有成效。

“第3条原则：使用优雅的语言”的模板

1. **如何传达硬性的规定？**
   规则就是规则！

2. **不同特质的人怎样召集会议？**
   一项任务有十种不同的方式来完成。

3. **如何与不同特质的人说话？**
   使用他人能听懂的语言，来使自己得到理解。

如何传达硬性的规定？

规则就是规则！

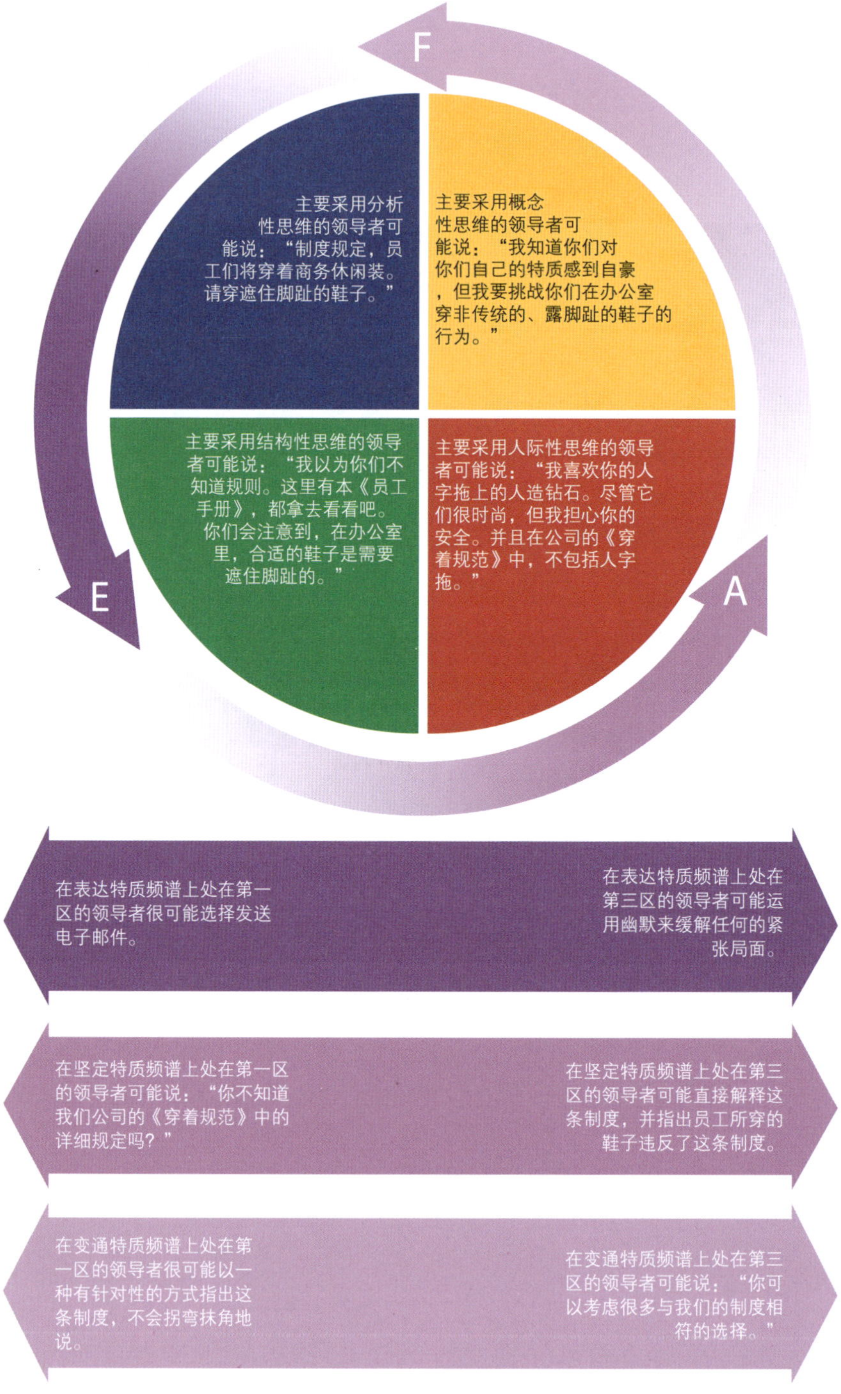

重要提示：这些特质中，没有哪一个是孤立的，而是和其他的特质交织在一起的，以创造WE团队的神奇。

不同特质的人怎样召集会议？

一项任务有十种不同的方式来完成。

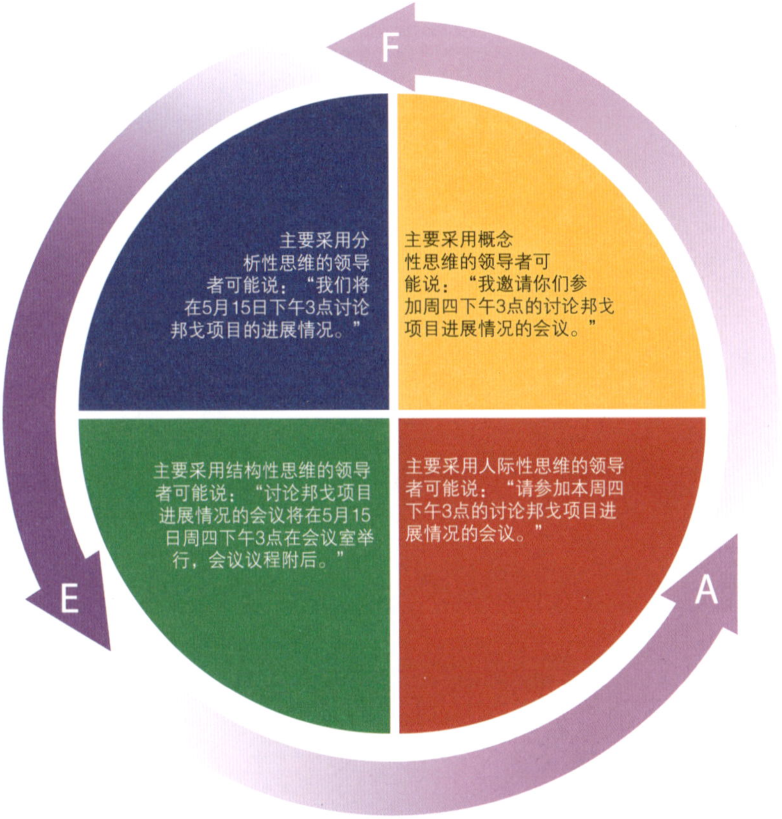

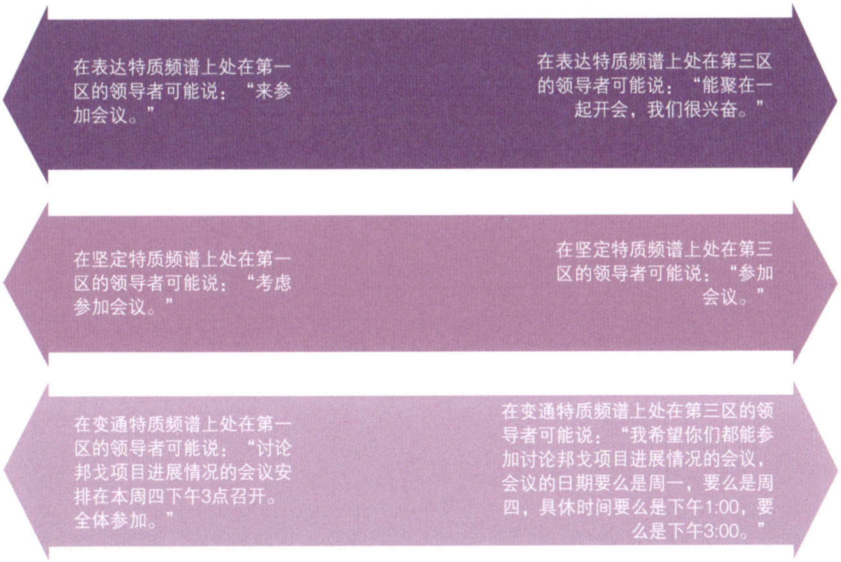

重要提示：这些特质中，没有哪一个是孤立的，而是和其他的特质交织在一起的，以创造WE团队的神奇。

如何与不同特质的人说话？

使用他人能听懂的语言，来使自己得到理解。

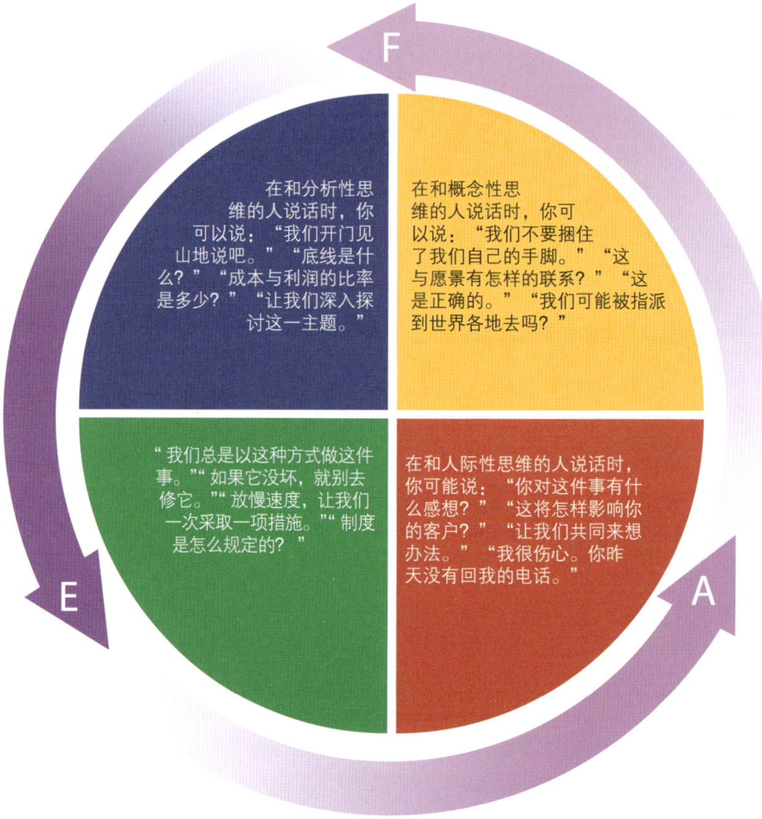

和那些在表达特质频谱上处在第一区的人说话时，你可以说“我将给你时间来处理”或“你有没有什么事情要告诉我”。

和那些在表达特质频谱上处在第三区的人说话时，你可以说“让我们详细谈谈这件事”或“你最初的想法是什么”。

和那些在坚定特质频谱上处在第一区的人说话时，你可以说“花点时间”或“让我们看看整个小组必须得说些什么，并且让所有人都参与进来”。

和那些在坚定特质频谱上处在第三区的人说话时，你可以说“亲身体验一下，说出你的见解”或“感谢你帮我们推动这件事情向前发展”。

和那些在变通特质频谱上处在第一区的人说话时，你可以说“让我们坚持到底”或“感谢你帮助我们保持专注”。

和那些在变通特质频谱上处在第三区的人说话时，你可以说“让我们探索所有的可能”或“感谢你包容的态度”。

重要提示：这些特质中，没有哪一个是孤立的，而是和其他的特质交织在一起的，以创造WE团队的神奇。

第4条原则

开好思维碰撞的会议

WE 团队的认知合作

我不反对开会。正如中国老话所说，“三个臭皮匠，赛过一个诸葛亮”。研究表明，一个团体的集体智慧，胜过团队中任何一位成员个人的智慧。但我对会议通常如何举行会有疑问。

我在世界各地参加过会议，在我的亲身体会中，我感觉它们大同小异，无论是在新加坡还是在美国苏福尔斯市。在规定的时间内，人们放下手头的工作，聚集在会议室里，互相讲一些客套话。有时，会议主办者还在旁边的桌子上放一些高热量的零食，如百吉饼或小松饼。除了主持人外，会议室里每个人的脸上都是同一个表情：“为什么我在这里？我要在会上说些什么？”今天，许多人在工作中必须用一半的时间来完成两倍的工作，假如会议组织得很差，将令人十分讨厌。组织者要分发会议议程、选择会议记录人和计时员，会议室中最重要的人概括会议的主题，接下来这个主题将耗费所有与会者两个小时的时间。

有的人之所以参加这样的会议，是因为他们习惯了这样的会议。分公司级的会议通常由一定级别的主管参加。公司级的会议通常由每个分公司的管理人员参加。但是在挑选与会人员时，是应该按照他们在公司工作的时间长短来选择，还是按照他们的职务头衔来选择？哪一种才是最有效的方式？

本章的内容对卓有成效的、具备认知多样性的团队来说确实十分重要。这不仅仅是把不同年龄、不同种族、不同性别、不同工作级别的人聚集到一间会议室里。研究表明，这种在很大程度上基于我们可以看得见的外部因素的多样性，并不能预言团队的成功。

说到 EG® 国际公司的认知协作，我们的方法不同于其他任何公司的方法。我们运用 EG® 来改造各类会议，将具有不同 EG® 特质的人们召集起来，这些人不只是运用不同方法或拥有不同职务头衔。我们根据 EG® 剖面图来选择我们的团队，在最好的情况下，这些剖面图使我们能事先预见团队成员的思维与行为特质。当每种特质的代表都加入了团队时，我们称这样的团队为“Whole EG® 团队”，或者用 WE 团队来表示。当你把一个 WE 团队召集起来时，你便无所不能。我们既对客户也在公司内部运用这种方法，因为它是据我所知能够发挥作用的最迅速、最有创造性、最可靠的方法。

通过在具有各种 EG® 特质的人们之间创造协同效应，WE 团队将达到他们的最高绩效水平。这些团队在合作的潜力方面也将达到最高水平。团队成员本着相互尊重的原则与会议室内具有不同特质的所有人进行接触，实现了更清晰的沟通，变得更富创造性，并且更加迅速地提出优秀的解决方案。

有时候，我把“WE”的力量比作电力。在每个电源插座的背后，都有源源不断供应的电能。插座本身是电能的入口。如果什么也不插，电能便在电力线路中以休眠的、看不见的状态等待着。此刻的电源，你并没有使用它。它保持着这种发挥作用的潜力，但没有被利用起来。在由人们组成的团队和小组中，将具备 EG® 特质的所有人的聪明才智集中起来，同样也蕴含着一种能量。如果你无法正确地接上那种能量，那它仍是一种潜在的能量。对大多数团队而言，想清楚如何充分利用团队自身独一无二的“WE”的力量，是一个挑战。

最好给 WE 团队的所有成员都发一份他们自己剖面图的复印件，使其更好地理解自己的思维与行为方式。他们还将看到其他成员的剖面图，以便加深相互了解。共享剖面图可以：

- 使团队成员之间能迅速地交流有关信息。
- 鼓励相互理解，并营造每个人都觉得自己有权发表意见的安全氛围。
- 用更大程度的信任使会议充满生机。
- 在不同特质的人之间确立一种具有创造性的动态——团队成员之间既相互挑战，又相互补充。
- 使最佳的创意更快浮现。
- 帮助人们更有成效地合作。
- 确保团队成员安排好最理想的下一步措施，考虑团队的优先事项及每位成员的专长。
- 缩短会议时间。

让我举个例子。

WE团队的力量

公司聘请外部咨询师帮助设计使命宣言，已成为司空见惯的事情。咨询师此前已经多次做过这样的事情，而且通常会为公司带来一种新的视角和专家意见，这是任何一位内部员工甚至首席执行官都无法做到的。

我和一家大型食品公司的管理团队合作，以了解他们未来五年的目标，然后将所有这些目标归集到使命宣言中。我们有两天时间和一个由 17 人组成的小组来完成这一项任务。不过，在第一天，只有 16 人现了身。

公司首席执行官说："哦，即使娜迪亚没来，我们也可以先开会。她是一名执行助理，她来不来，对这次会议并没有那么重要。"

负责拟定使命宣言的小组已经事先拿到了 EG® 调查问卷，我手头拥有他们所有人的剖面图，他们也一样。我发现，首席执行官的思维偏好是**分析性**和**概念性**，而团队其他成员的思维偏好则是**分析性**、**结构性**和**概念性**的各种不同组合。

我打算指出为什么娜迪亚的加入事实上很重要，但不希望立即直接反驳首席执行官的观点，因此我决定先等一等，让大家自己去发现娜迪亚为什么不可或缺。

整个小组的 EG® 分析报告如图 4-1 所示。

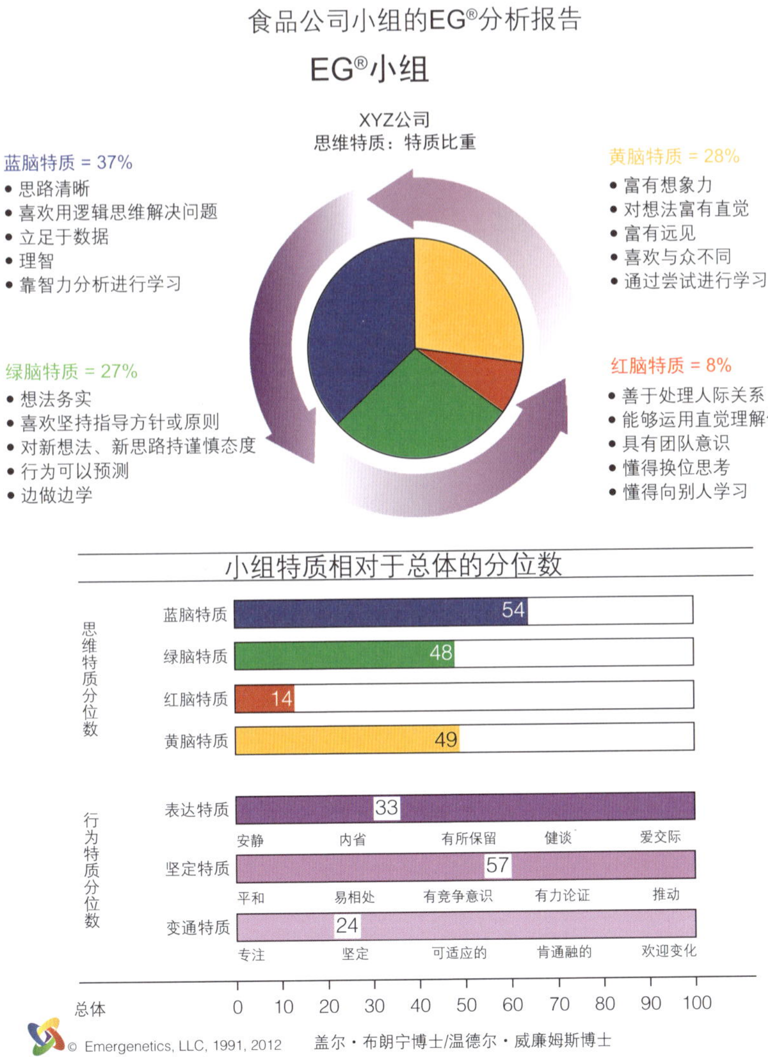

图 4-1

总体而言，团队中的成员并不介意讨论他们的观点（表达特质），喜欢把工作向前推进（坚定特质），往往有强烈的主张（变通特质）。

我们特别注意使用积极的措辞和优雅的语言，连续工作了几小时，提出了一个令所有人都满意的公司的目标清单。清单是这样的：

1．这个财政年度使利润增长30%。

2．更新数据中心的技术。

3．评估并简化生产流程。

4．为在全公司范围内推行新制度列出时间表。

5．通过扩张在全世界的业务，将公司提升到一个新的高度。

6．在安静的但快节奏的环境中工作。

7．致力于成功与卓越的执行力。

接下来，我们拟定了初步的使命宣言，它是这样的：

超级美味公司通过提供物美价廉的食品，已成为这个国家首屈一指的美食公司。我们运用高效的服务管理并扩张在世界各地的分销网络，为股东创造利润。

最后，我取出一张空白的EG®模板，逐一地、仔细地审阅那些目标，将每个目标放到模板中对应的特质里。前两个目标最好是由具有很强的分析性思维的人来完成。接下来的两个目标则归入模板中的结构性部分。全球的目标则由具有概念性思维的人来完成。“安静的氛围”轻松地归入表达特质属性，“致力于成功”则与坚定特质相关，而“卓越的执行力”则与变通特质相一致。填写好的模板，如图4-2所示。

将食品公司的目标放入模板中

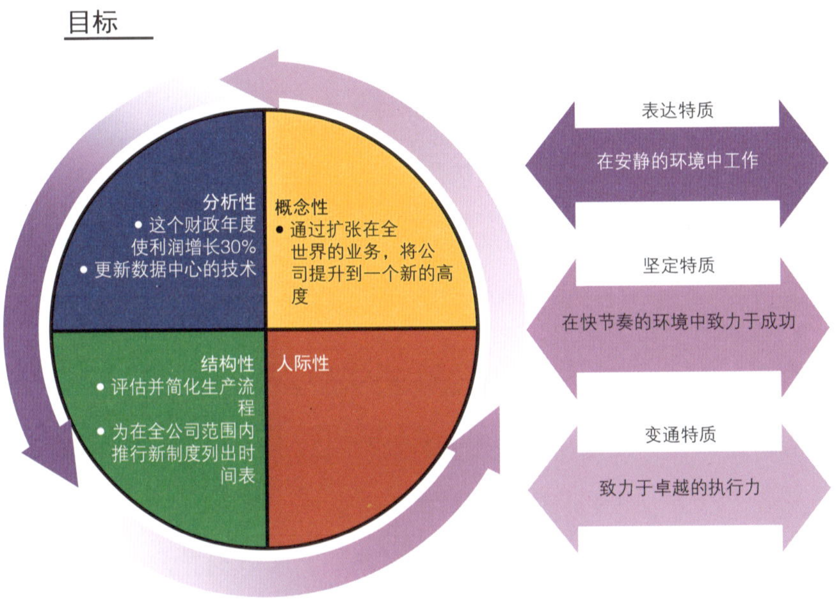

图 4-2

团队的所有成员显然发现了人际性特质是空的。我指出，使命宣言和公司的终端用户（购买公司产品的客户）并没有产生联系。

首席执行官说："嗯，我们当然考虑了客户。宣言已经暗示了，为什么还要把它写下来呢？"于是，我们围绕这一提示又专心开会，而我有意将这个问题留到第二天解决。

当我们再召集会议时，娜迪亚也参加了。首席执行官对她并不是特别"感冒"，不打算中止我们的进程来听一位执行助理的意见，但我坚持要把使命宣言复印一份给娜迪亚，并问她怎么想。

娜迪亚说："不错，我喜欢。但这似乎有一点点冰冷的感觉。为什么你们不把我们的客户放进去呢？"

会议室里一片沉默。娜迪亚有这个团队所缺乏的人际性特质，而且她对如何与客户交流有着丰富的经验（**表达特质**），常常怀有一种顺从客户的态度——常说“客户总是对的”（变通特质）。事实上，客户是她想到的第一件事。

接下来的一个小时，我们重新修订了宣言。

高管团队重新拟定出了一份出色的使命宣言，并早早地结束了会议。此外，他们除了成为 EG® 剖面图的粉丝外，还了解到：

- 要把所有事情写下来。
- 要使用积极的措辞。
- 要假定其他所有人都和你有着不同的优先考虑。
- 不要对任何人的特质做出评判。
- 在每次会议上都有人代表每种特质。

WE 团队通常不只是自然而然地聚集到一起来的。你得集中合适的人，从而获得一个具有各种思维与行为特质的队伍。接下来将讨论怎么做到这件事。

◆ WE 团队背后的脑科学

我们的大脑很容易想到合作，这也是 WE 团队如此成功的一个原因。很久以前，研究人员通过磁共振成像证明了这一点。亚里士多德（Aristotle）指出，“人天生是一种社会动物”，而英国诗人约翰·多恩曾说过一句名言：“没有人是一座孤岛。”大脑天生就是社会性的。团队中的人比孤僻的和孤独的人更幸福、更健康、更具有韧性，这已经是一种常识。

相比其他物种，人类的大脑已经发育得很大了。我们的新皮质的尺寸，已经大到非同寻常。人类学家罗宾·邓巴发现，虽然大部分物种的大脑的尺寸似乎与动物本身的大小有关联，但身材的大小，并非决定性因素。事实证明，能够最准确预测大脑的大小的因素，是这种动物的社交群体的大小。而人类为了进行社交，拥有很大的大脑。

我们和什么人进行社交，是有很大差别的。不管怎样，我们天生就接受我们所在群体的价值观与目标。当我们作为一个能够充分发挥作用的团队在一块儿工作时，如一个 WE 团队，我们不但接受这个群体的优先考虑目标，还会满足我们大脑的渴望——渴望被包含到群体之中并奉献我们独特的才华。

建设WE团队的方法

WE 团队需要从多方面来考虑，因为它不是单单基于职务头衔、智商或专长等一些简单的概念。WE 团队的目标是有效地利用认知多样性的力量，这意味着把一些原本相互不说话的人团结起来。那么，建设 WE 团队最有效的方法是什么呢？

◆ 建设相互信任的企业文化

公司的企业文化要么支持要么破坏 WE 团队。如果你是公司的领导者，那么你的职责是营造一种使每种特质的人都甘愿奉献自己聪明才智的文化。这个主题在本书中多次出现，但总而言之就是：使用积极的措辞和优雅的语言；让人们从失败中吸取教训；相信每位员工；尊重每个人的特质；鼓励合作而非竞争；使员工能够毫不畏惧或不带评判眼光地进行工作。当你首先挑选已经适应了高度合作氛围的员工来组建 WE 团队时，你的这个团队将更容易达到一定程度的信任，并且相互诚实地交换意见。

◆ 招聘有能力的员工

当你要求人们完成工作任务时，他们得具备完成的能力。为了在你的公司组建一个高效运转的 WE 团队，你需要吸引一大批既能胜任工作又具有多样化特质的员工。显然，不能胜任工作的员工并不是格外有益，同时研究已经证明，只保证员工特质的多样性并不能确保团队做出更优异的业绩。

人们常常想使用 EG® 剖面图来招聘，但我请你在这样做时多加提防。剖面图并不检验员工的能力。我们使用剖面图，是作为入职过程的一部分，也为了留住我们手头新招聘的员工，以便后来可以用剖面图来帮助组建在认知上多样化的团队。

在 EG® 国际公司，我们招聘有能力的员工，而且我们通过 EG® 遴选计划（Emergenetics Selection Program，ESP）来衡量员工的能力。衡量的过程包括工作分析，在分析过程中，我们为某个岗位设置期望的结果，并预测需要员工拿出怎样的在职绩效。对任何特定的岗位来说，工作分析的结果是清晰地描述职场动机（利益、偏好、态度）和需要的才能（技能）。一旦求职者完成了 ESP 评估，你可以迅速并轻松地看到任何个人与岗位要求的对比情况。接下来，根据求职者的 ESP 结果，可以专门为其“量身定制”一些问题，以便更好地洞察他在职场中的偏好。这种将科学证据与行为面试结合起来的做法，使得招聘团队每次都能做出正确的招聘决策。EG® 遴选计划将防止你招聘到那些风度翩翩但实际上不具备太强能力的大学生求职者。你必须愿意招聘、使用和晋升那些跟你不一样的人，那些让你感到不舒服但能为你的团队带来不同寻常的绩效的人。

招聘那些想要继续学习的人。并不一定需要员工胸怀当高级管理人员的雄心壮志，但是每位员工应当都乐于从事某种形式的继续学习。此外，还必须乐于拥抱由技能与知识产生的刺痛感，也就是说，觉得自己的技能和知识不够用。

员工可不像火花塞那样，只要你想替换，就可以找来一模一样的来替换。相反，我们要为公司这台机器寻找新的火花塞，要围绕那些以他们自己聪明的方式为公司做贡献的胜任的新员工来改造企业文化。要探索他们喜欢怎样学习。弄清楚他们的雄心壮志是什么，以及他们喜欢做什么——并且精心设计他们的工作岗位，以便他们可以朝着那个目标不断前进。当你找到了优秀的员工时，帮助他们取得进步，并且在他们的技能不断提高时留住他们，对你的公司来说大有裨益。对每名员工采用一种独特的方法。在留住优秀员工上投入人力、财力和物力，而不是想着替换他们。你越是使用 EG® 来改造你的公司，你的员工便会越信任你，也会变得越快乐，而你将收获越来越多的效益，我在本书中关于“定心”的内容中提到过这些效益——例如，在工作中投入的精力多出 106%，工作主动性提高 76%。

◆ 警惕偏见

以相同的方式说话、思考、行动的人们，甚至穿着类似衣服的人们，往往相互之间感到很舒服,并且会一块儿聚会。这正是“老同学关系网”已经存在数百年时间的原因。一致性是管理层可能允许出现的最坏的事情之一。要招聘多样化的员工，而不是为求舒服而招聘。

你可能无意识地做出假设或运用成见。例如，你可能自然地倾向于或远离下面这些类型的人。

- 你是否认为你比那些职务不及你的人更有才华?
- 你对那些询问你周末计划的人做出怎样的反应?
- 你对那些试图让会议准时开始、准时结束的人做出怎样的反应?
- 你是否以为，所有女性都偏好人际性思维，而所有男性都偏好分

析性思维？

- 你对那些在可使用的无可争议的数据出现之前不会全身心投入工作的人怎么看？
- 你对那些不遵守时间期限或议程的人怎么看？
- 你有多么希望团队中增加“创意人员”？
- 你对那些下大力气推动他们最喜欢的解决方案的人怎么看？
- 你对那些除非人们找他说话，否则不会开口说话的人怎么看？

如今，消除偏见是一件好事。有些教授为克服他们个人的偏见，在给每名学生的论文打分之前，先让助理把学生的姓名遮住。而在一些管弦乐队开始在屏风后面举行试镜活动（以便事先不知道音乐家的性别）之后，女性乐队成员的比例从 1970 年的 5% 提升到今天的 40%。

即使在最好的情况下，我们每个人也都有一些偏见。感觉到有心理压力、身体疲惫、忧心忡忡，或者甚至觉得饥饿的领导者，更有可能产生偏见。当这种事情发生时，他们可能觉得自己比往常更加开明。不论饥饿与否，EG® 的招聘实务及 EG® 的模板，都是他们最好的朋友。

◆ 警惕集体思维

如果你把一群人聚集起来，他们每个人都有着相同的偏好，那就几乎不会有什么创造性可言。整整一房间安静的人可能相对沉默地坐着，或者满屋子健谈的人可能说话越来越大声，因为他们都试图说服对方。在一项研究中，研究人员给不同的小组一项挑战，要求小组成员在规定的时间内解决。结果，最具有认知多样性的团队在 21 分钟内就解决了挑战。而整个房间里的信息技术专家，却自始至终没能解决。他们全都在自己的心里下决心解决这个问题。但是他们之间没有合作，于是什么问题也解决不了。

缺乏多样性的团队存在的另一个潜在问题是，所有的成员将会沿着同样的路径走下去，并制造出创造性的死敌：集体思维。许多最终消亡的公司充满了顶尖聪明且抱负远大的人。为什么这些聪明人会犯错呢？他们可能向集体思维投降了。

集体思维的一个有意思的方面是，每个群体所需要的能够轻松纠正行动方案的信息都是现成的。他们不需要寻找鲜为人知的事实、方程式或奇迹。他们只需睁开双眼，便能看到其他人是怎样思考和行动的。

不同特质的人如何为WE团队做贡献

起初，我们难以发现所有的微妙差异，但我的同事和我在经历了 25 年与数千家公司员工及研讨会参与者的合作之后，总结出了人们更喜欢怎样思考和行动。这些趋势在各类人群中很长时间都保持不变。

想象在一个研讨会上，会议的主持人将整整一房间的参与者按照他们的偏好将他们分成更小的小组。接着，所有参与者将说出他们更喜欢的工作方式。

◆ 行为特质

如果你把一群在**表达特质**频谱上处在第一区（见图 4-3）的人集中起来，问他们会怎样完成任务，他们会说：

表达特质频谱的第一区

图 4-3

1．“我们对沉默感到很舒服。”

2．“我的头脑中有许多想法，但你不会知道。”

3．“当我们最终开口说话时，我们已经考虑了所有的可能。”

这个小组的沉默是很微妙的。他们使用精准的措辞，保持平静的外表。他们会告诉你，他们是优秀的倾听者，只在必须说话时才开口说话，而且不显露任何表情，以便把他们的内心想法深深埋在心底。

在问及这个小组的进展情况时，他们会报告说：“我们喜欢留在这个小组。在开始之前，我们花了一些时间来准备，但当我们完成任务时，发现它很容易。没有人能说服我们接受他的想法。”

在问到“如果一个小组中只有这种在表达特质频谱上处在第一区的人，你会喜欢在这个小组中工作吗”时，他们的回答可能是：“不，我会在小组中短时间工作，但最终会感到疲惫。当我不必开口说话时，我更喜欢这个小组。我不想被人推到台前去说些什么。”

如果你把一群在表达特质频谱上处在第三区（见图 4-4）的人集中起来，问他们会怎样完成任务，他们会说：

表达特质频谱的第三区

图 4-4

1．“我们会给小组带来正能量。”

2．“人们总是知道我们想些什么。”

3．“我们让人们说出自己的心声，以打破房间的寂静。”

看一看他们的脸庞及他们富有传奇色彩的经历，你几乎总能知道发生了什么。你听到他们介绍自己完整的思路，而且可能认为，尽管他们第一句话就已经包含了他们的想法，但他们才刚开始介绍。现在，他们头脑中的想法正从他们的嘴里冒出来。

在问及这个小组的进展情况时，他们会报告说："在这个小组中工作，真是太有趣了。我们每个人都同时说话，没有人觉得被冒犯，而且我们全都理解每个人在说什么。真让人兴奋！"

若是你问："如果一个小组中只有这种在**表达特质**频谱上处在第三区的人，你会喜欢在这个小组中工作吗？"他们的回答可能是："不，我会短时间喜欢这个小组，但最终会感到疲惫，因为没有人听我说话，每个人都在相互说服对方。如果我们有着不同的意见，没有人会花时间从别人的视角来观察，因为我们都忙于鼓吹自己的观点！"

每个人都有着一定程度的坚定特质。在坚定特质频谱上处在第一区和第三区的人们的差别在于他们如何表现坚定特质。

处在坚定特质频谱上第一区（见图 4-5）的人通过提问来影响他人。例如，他们可能询问："你认为让罗杰 • 布朗加入团队如何？"这个问题好比在测量小组成员们的体温，鼓励别人表达内心的赞成或担忧。对这个问题的回答，将表明谁支持让罗杰加入团队，以及谁还需要被说服。在坚定特质频谱上处在第一区的人没有任何窘迫的迹象。

坚定特质频谱的第一区

图 4-5

如果你把一群在坚定特质频谱上处在第一区的人集中起来，问他们会怎样完成任务，他们会说：

1.“我们会在不产生冲突的前提下佐证我们的观点。”

2．“我们不会操之过急。”

3．“我们愿意妥协。”

这是一种比处在坚定特质频谱第一区（见图 4-6）的人温柔得多的方法，采用这种方法的人会说“让罗杰•布朗加入团队”，然后等着其他人纷纷表达异议。当这种现象出现时，你会立马清楚地了解了这个小组对吸收罗杰到团队中是什么态度。这种方法依靠争论，而争辩使得在坚定特质频谱上处在第一区的人不舒服，因此你可能无法通过这种方法了解到他们的真实意见。

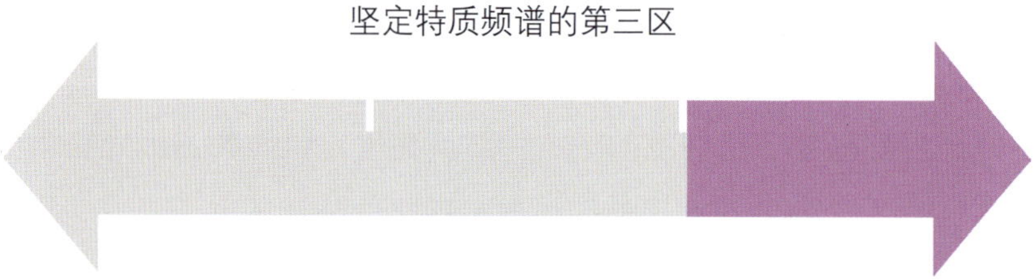

图 4-6

如果你把一群处在坚定特质频谱上第三区的人集中起来，问他们会怎样完成任务，他们会说：

1．“我们欢迎对抗。”

2．“我们帮助其他人表达他们的观点。”

3．“我们充满干劲儿。”

每个人都具有变通特质，在变通特质频谱上处在第一区和第三区的人们的差别在于他们如何运用它。

重要的是了解：在变通特质频谱上处在第一区（见图 4-7）的人，喜欢和处在第三区的人同样多地考虑各种可能，但前者对项目的执行更加感到精力充沛，因此对他们来说，和探讨怎样决策相比，做出决策更加重要。在他们看来，不断地偏离航线，给人的感觉是在后退。这些处在第一区的人拥有的才能是他们会在变革时期提出“为什么”的问题，如“为什么这项变革有益”。他们还可能问：“这个新点子，是不是只是处在变通特质频谱上第三区的人半夜做了个梦想出来的？”

变通特质频谱的第一区

图 4-7

如果你把一群在变通特质频谱上处在第一区的人集中起来，问他们会怎样完成任务，他们会说：

1．“我们会坚持团队的观点。”

2．“我们保持高度的专注。”

3．“我们十分果断。”

处在变通特质频谱第三区（见图 4-8）的人更喜欢在做出最终决策前考虑各种选择，他们相信，半夜突然想起的点子是极其有效的。对他们来说，人生不是一成不变的，而各种选择多到令人窒息。最后，在第一区和第三区之间摇摆的人，会在整个项目或整体工作完成时受益。

变通特质频谱的第三区

图 4-8

如果你把一群处在变通特质频谱上第三区的人集中起来，问他们会怎样完成任务，他们会说：

1．“即使改变在最后一刻出现，我们也能很好地应对。”

2．“当各种选择都可以选择时，我们感到精神焕发。”

3."决策就是工作草案。"

由于在变通特质频谱的第一区和第三区之间的动态变化十分重要，因此如果你的团队只有前一种人或只有后一种人，可能是个问题。如果只有前一种人，他们可能一致赞同结果，并且希望坚持自己的主张。如果只有后一种人，他们将会发声鼓吹他们自己的观点，但并不真正确定自己的观点是什么。通常情况下，他们无法确定一个观点然后再坚持它。处在第三区的人们可能会达成一致意见，但需要更长的时间。

◆ 思维特质

这里是一些最常见的思维特质的组合，以及这些人怎么来表现他们的聪明才智。

当你把一群收敛性（分析性 / 结构性，见图 4-9）思考者集中到一起，问他们更喜欢怎样完成任务时，他们会说：

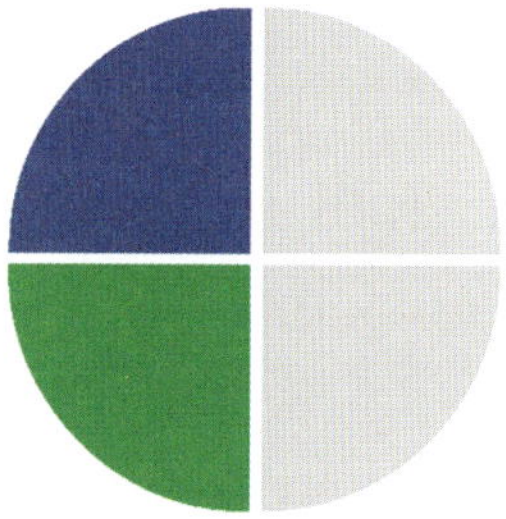

图 4-9

1."我们会查阅说明书。"

2."我们会分析我们希望怎样继续下去。"

3."我们在纸上进行头脑风暴，然后将结果转录入最终的表格中，再把表格放入报告中。"

被问及他们喜欢在哪里工作时，他们的回答通常是："我们更喜欢围坐在会议桌旁。"如果时间是一个要考虑的因素，有人会负责确保任务高效地完成。当被问道："你笑得多吗？你有多少次进行单向的沟通（也就是只有一个人在滔滔不绝地说，另一个人始终在听）？"他们的回答可能是："在任务完成之前，我不会笑，也不会进行单向的沟通。"这正是他们及时或提前完成任务的原因。这些人通常使每个人都把注意力集中在任务上。

如果你把一群发散性（人际性 / 概念性，见图 4-10）思考者集中到一起，问他们更喜欢怎样完成任务时，他们会说：

发散性

图 4-10

1．“我们起初被困住了。我需要了解你周末的活动、你男朋友的新工作，或者你新买的黄金贵宾犬。”

2．“我们先说出自己的观点，进行一番头脑风暴，确保每个人手里都拿着一系列的彩色记号笔。我们更喜欢有香味的魔法记号笔，而且必须首先闻一闻它们，然后讲述我们孩提时代如何使用它们的故事。”

3．“我们的流程包括让各种观点碰撞，直到最终确定了完美的结果。”

当问到他们在哪里工作时，他们的回答可能取决于天气。“如果天气很好，我们更喜欢户外。在一间没有窗子的房间里，可能让我们的流程‘窒息’。时间是可以选择的——毕竟，时间是人类发明出来的。”当被问道：“你经常笑吗？”他们回答：“每时每刻都在笑。笑是我们最好的朋友。自由地表达情绪可以释放我们的创造性，从而带来更好的结果。”

当你把一群抽象性（分析性 / 概念性，见图 4-11）思考者集中到一起，问他们更喜欢怎样完成任务时，他们会说：

抽象性

图 4-11

1．“给我一个必须做这件事的理由，如果这个理由足够合理，我们会研究最有效的方法来完成。”

2．“我们会使用一种有逻辑的方法，并且强调从大局出发，最终聚焦于整体的结果。”

3．“到最后，我们知道我们的结论是正确的。”（这并不是取决于坚定特质。大脑中分析性 / 概念性的部分充分相信其智力。）

注意，没有人提到工作任务的任何细节，而且没有人提及人。当这个群体谈到人时，总是从团队的角度来讲，或者谈及有助于完成任务的那个人，而不是团队中的其他人。

当你把一群具体性（结构性/人际性，见图 4-12）思考者集中到一起，问他们更喜欢怎样完成任务时，他们会说：

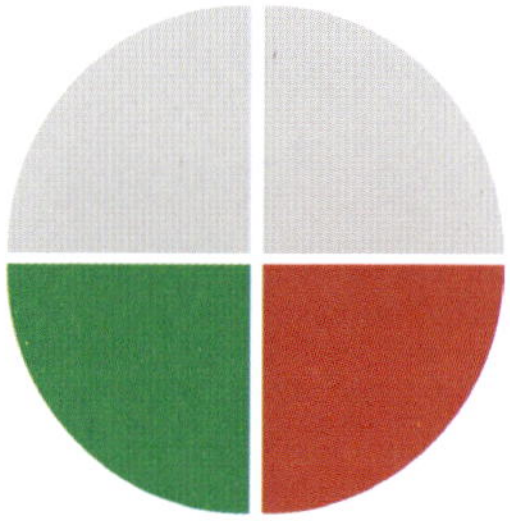

图 4-12

1．“我们首先作为一个团体集结起来，然后报到。”

2．“我们会一同问：‘任务和指导原则是什么？’”

3．“我们会把我们需要完成的所有任务列出一个清单。每个人从清单中选择一项并独立地完成，直到清单上的所有任务都完成了。最后，我们再次集中起来，检查每位团队成员的任务完成情况，接下来，我们再一同提交最终的成果。”

注意，没有人问到有关任务的“为什么”或愿景。

了解每种特质的人是怎样思考的，将大有裨益，但还要记住，这只是建设 WE 团队的开始。这些群体中的每个小群体都单独地交出一些差强人意的成果，但把各个群体中的成员都融合到一起时，他们相互结合的聪明才智可以将整个团队的创造性和工作效率提升到一个新的水平。

集中团队成员

现在，是时候创建你的 WE 团队（其示例见图 4-13）了，你拥有了众多有能力胜任工作且具备自我意识的人，可以考虑哪些人倾向于相互信任对方了，因为你公司的氛围是相互尊重。挑选 5~8 个人，把他们集中起来，他们每个人都代表不同的 EG® 特质。记住，大部分人拥有一种或多种思维偏好，而当你考虑了行为特质频谱的两端时，就会有六种不同的行为特质（此外还有“适应型”的类别）。如果你不止选择了 8 个人，这群人最终将被归入更小的团队中，这可能不太好。

WE团队示例

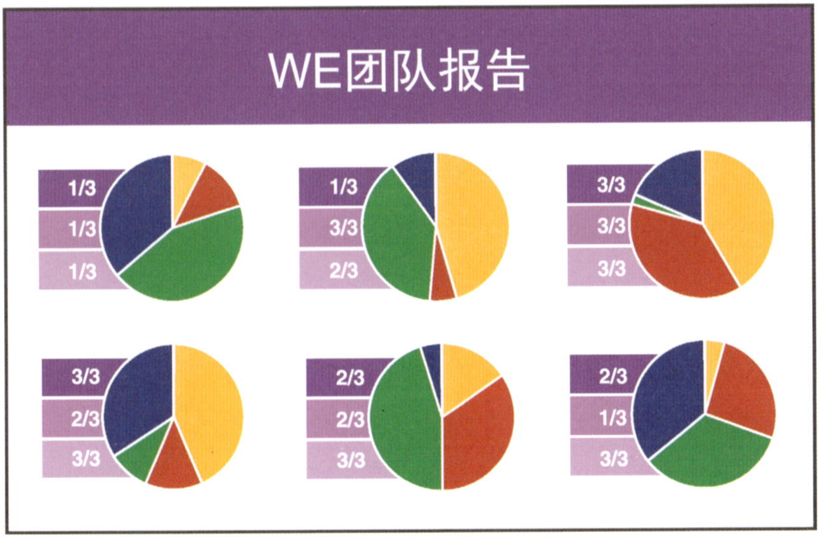

图 4-13

如果这些人都是你的员工，或者他们包括了你正在对其进行 EG® 培训的客户，那么你首先需要掌握他们的剖面图。要确保具有各种特质的人都出现在你的团队中，而你需要对每种剖面图都进行研究，并且在整个团队中平衡好他们。这是很有意思的工作，但可能很耗时。最容易做的是培训你办公室中的某个人观察不同的潜在团队成员的剖面图来组建 WE 团队。

在组建 WE 团队时，不要过度关注团队成员的专长。重要的是，不仅要把那些具有专业知识的人集中在一起，而且还要把在剖面图和特质方面是专家的人集中起来。如果你把一个团队集结起来，以建造一艘登上月球的火箭飞船，那么团队中需要一两名工程师。不过，你还需要一个以不同方式思考的人，他将给团队带去不同的能量。举例来说，也许你想在团队中增加一名音乐家、艺术家或你的管理助手。这些人可能对工程与设计一无所知，但会从不同的视角来观察问题。他们可以丰富整个团队。即使他们用错了术语，也能提出些不同的观点，或者提出一些动摇其他人假设的问题。

如今，人们过于迅速地把这些人提出的点子抛在脑后，并且会说："为什么要把并非专家的人带到这个团队中？"他们担心，这可能没有适当地展示团队的特点，或者那个人可能会愚弄他们，或者其他的员工会怨恨，诸如此类。我们相信，如果领导者能正确地处理这种局面，那么把具有不同视角的人放到团队中，可能利大于弊，好处胜过风险。

明确团队中的协调者

你把 WE 团队的成员集中到一起后，他们每个人都至少代表着一种 EG® 特质（团队的思维特质组合见图 4-14），但你还没有完成。把一群聪明的、能干的、具有认知多样性的人集中到一间会议室里，还不够。为什么？把这样的一群人聚集到一起来，可能令人不舒服。此时此刻，他们好比生活在不同星球的人，他们之间的交谈可能在意图与影响上差距太大。

协调者

图 4-14

你还需要再增加一个人：一位擅长多特质思考的人（协调者），他能够将某一种思维特质的人习惯使用的词语和观点转变成另一种思维特质的人习惯使用的。多特质思考者能够促进沟通，避免产生误解、遗漏和伤害的感觉，以及使场面白热化。例如，当一个最具有结构性思维的人说，小组在 C 主题上距离规定讨论时间已经只剩下 5 分钟了，之前在说话的另一位团队成员可能容易从个人的角度来理解这句话（“这是在告诉我闭嘴吗？”）。此时，协调者可以温和地指出，那位采用结构性思维的团队成员只是在尽他最大的可能把事情做好。当最具有概念性思维的人提出一个牵强的点子时，其他人可能马上抓住不放，除非协调者提醒所有人，这正是概念性思维的人最擅长的方面，这样其他人也许才努力去发掘这个点子的优点。

优秀的团队协调者还理解具有不同行为特质的人如何互动。一个非常安静的人（表达特质）不想被推到台前，但一个十分活跃的人（表达特质）则需要和别人交谈。有时候，协调者需要鼓励其中一个人，同时要抑制另一个人。

本章原则对应的模板中的“包含不同特质的团队的整体动态”透露了一些有益的信息。它涉及不同行为特质的人之间如何相互取长补短，每种思维特质的人会把什么带到会议桌上，他们怎样相互支持和相互挑战。当团队珍视其集体的多样性时，会议通常会产生创造性的张力。最优秀的领导者着重关注他们做些什么，以鼓励这种类型的协同。如果这个团队懂得优雅的语言，他们会制造一种积极的、充满活力的紧张状态。在这种状态下，团队成员们能够在短时间内提出创新的解决方案。

营造安全舒适的会议环境

作为领导者，你的首要目标是在 WE 团队成员中建立信任。如果人们担心被奚落，往往会谨言慎行，不说出他们的观点。让每位团队成员都根据他们的剖面图来分享关于他们自己的某些信息，是一个好的开始。我们使用 3-2-1 练习。其中，每个人都介绍自己，分享对自己的剖面图的一些洞察，以及喜欢在怎样的情形下与别人交谈。例如：

3．与我的领导风格相一致的三个关键要素。

2．我在和其他人共事时需要了解的、关于我的剖面图的两个关键要素。

1．与我沟通的最佳方法是什么？

在完成这一步骤后，把所有的剖面图都张贴出来以进一步增强透明度，并且允许人们了解谁分享了以及谁没有分享他们最偏好的特质。这有助于大大加深了解。例如，虽然珀西瓦尔看起来有一点点傲慢，但那仅仅因为他有着“聪明的大脑”，加上具有分析性 / 结构性 / 概念性的偏好，并且单纯地相信他比房间里的其他所有人都更聪明。利蒂希娅从来不说一句话，但那是因为她在所有的行为特质中都处在第一区，而且当她做好了准备——或者过了足够长的时间且有人请她说话的时候，她还是会说话的。德韦恩在走进会议室的时候，一直在讲故事和笑话。他在表达特质频谱上处在第三区，并且喜欢参加派对。所有这些人，只是按照他们天生的思维和行为特质来生活，而且假如他们全都怀着好意的话，他们所说的任何话或所做的任何事情，都不应当被人们当成是针对某个人的。

团队领导者的职责是清晰地阐述会议的挑战。具有不同思维特质的人，会以不同的方式倾听，因此在阐述目标的时候，应当采用多种方式来表达，以确保每个人都能理解。

下列事项可以使会议井然有序：

- 提醒每个人准时参加会议。
- 向与会者解释，每次会议开始前将有几分钟的定心练习，重要的是要求每个人都参加。
- 提供会议议程——最好是事先提供。
- 事先提供一些文字材料，这有益于那些具有分析性或结构性思维偏好的人。

- 指定一名计时员。这个人在会议期间提醒与会人员把握时间，要让他记住，这是他职责的一部分。
- 指定一名会议记录人。

接下来，确定这次会议将有一个“安全”的氛围。每个人都将：

- 使用优雅的语言。
- 能够做他自己（敢于说出内心的想法和建议）。
- 相互欣赏对方的天赋和独特才华。
- 记住，所有的剖面图都是完美的。
- 重视另一人（拥有与你互补的剖面图）。
- 避免产生偏见。
- 记住，错误是学习的机会，而不是批评的机会。
- 当其他团队成员正在发言时，克制打断他们的冲动。
- 做好分内的事。
- 产生分歧时，让每个人都说出自己的理由。
- 只提供最佳数据，并在发言前验证他们的假设。

除了这些一般性的建议，还要牢记一些针对特质的规范。请参考本条原则中的两个模板：

1. 团队中每种特质的人需要什么样的心理安全感？
2. 每种特质的人需要什么样的规范（基本原则）？

反　思

公司的成功，源于它拥有各种类型的员工，并对他们的工作方式进行鼓励。这种成功模式的第一步，通过招聘能胜任工作的员工，并且从以不同方式思考或行动的员工中挑人组建团队来实现；第二步则是欣赏他们的不同，信任他们，以充分利用他们的天才来服务于你的事业。你不可能用清一色的双簧管演奏家来组建一个管弦乐队。只有当你找到了双簧管演奏家，他身边还有单簧管演奏家、低音管演奏家、长笛手、短笛手，以及其他乐器的演奏家，你才能组建管弦乐队。只有当你鼓励所有音乐家相互倾听并融洽协作时，他们才能演奏出美妙的音乐。

执行步骤

1. 对你的团队进行分析——团队在认知上做到多样化了吗？如果是的，那你有没有充分利用这种多样性？如果没有，还遗漏了什么？辨别团队成员中缺乏哪种特质，并找出偏好哪些特质的团队成员过多或过少，以便着眼于采用一种平衡的、全面的方法。

2. 如果有一种特质被你遗漏了，邀请偏好那种特质的某个人参加你们的会议/项目/活动。

3. 为每个人发挥他们的聪明才智提供安全的环境。

“第4条原则：开好思维碰撞的会议”的模板

1. 包含不同特质的团队的整体动态。
   在会议中，不同特质的人如何互动?
2. 团队中每种特质的人需要什么样的心理安全感?
   心理安全从脆弱与信任开始。
3. 每种特质的人需要什么样的规范（基本原则）?
   如何尊重每种特质的独一无二性?

包含不同特质的团队的整体动态

在会议中，不同特质的人如何互动?

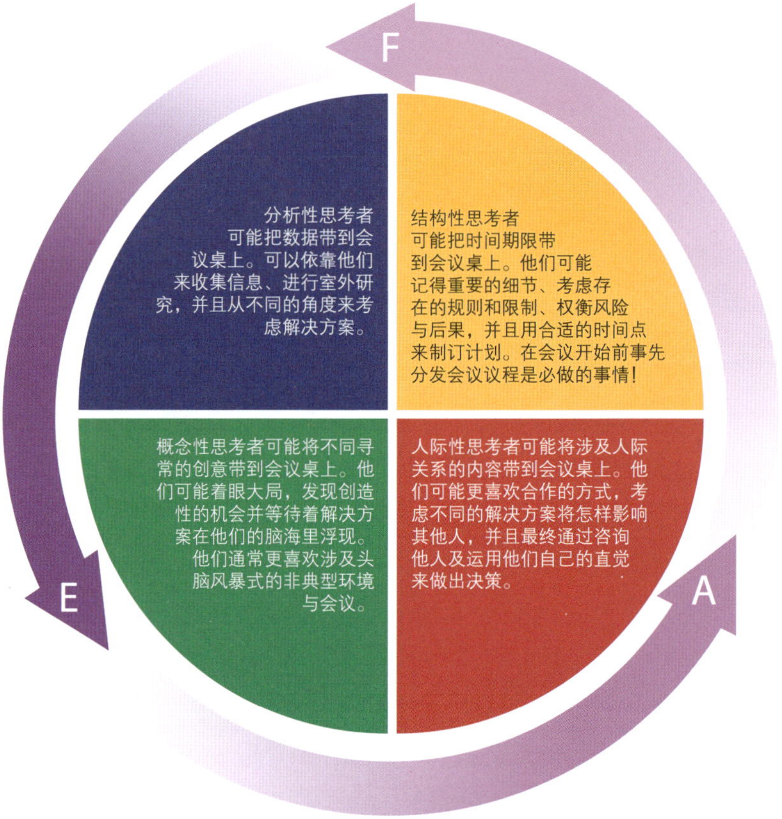

在表达特质频谱上处在第一区的人更喜欢在说话之前先花时间思考，而且不喜欢在没有事先通知的情况下被点名发言。

在表达特质频谱上处在第三区的人可能在其他人思考时使小组行动起来，并且继续说下去。

在坚定特质频谱上处在第一区的人可能在争辩与冲突期间能使人平静下来。

在坚定特质频谱上处在第三区的人可能想要公开质疑一些观点，目的是使最好的想法得到与会者最大的关注。

在变通特质频谱上处在第一区的人可能通过推动最终决策的形成来平衡频谱另一端的人们。

在变通特质频谱上处在第三区的人最有可能有兴趣了解某个决策中那些可以在项目或会议进展的任何阶段来重新评估的各个方面。

重要提示：这些特质中，没有哪一个是孤立的，而是和其他的特质交织在一起的，以创造WE团队的神奇。

团队中每种特质的人需要什么样的心理安全感？

心理安全从脆弱与信任开始。

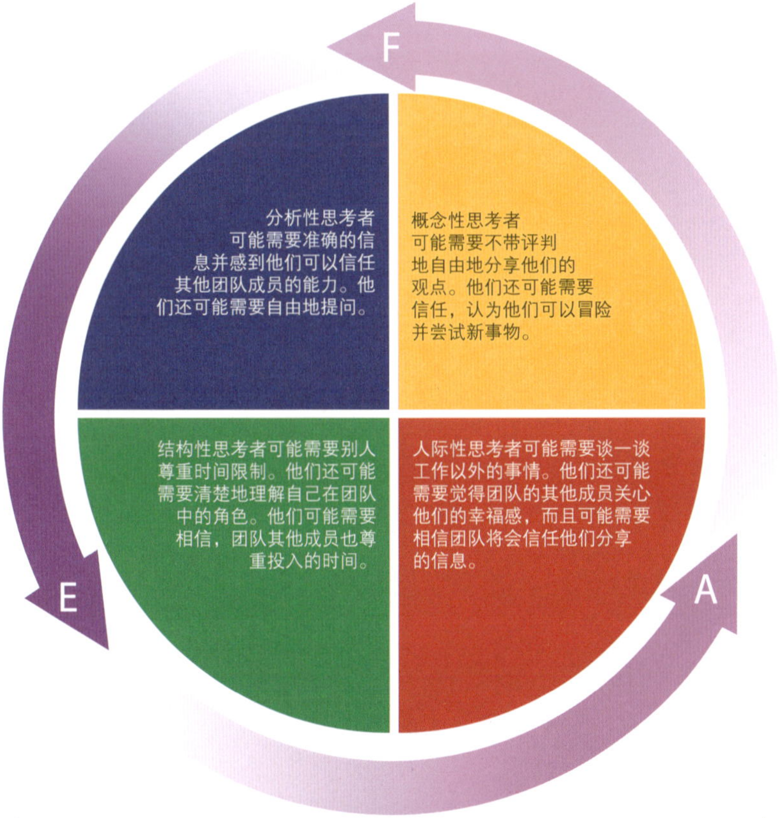

在表达特质频谱上处在第一区的团队成员可能需要一些安静的时刻，即使那意味着休息一会。他们还可能需要相信，他们有时间在心里处理他们的想法。

在表达特质频谱上处在第三区的团队成员可能需要自由地表达最初的也许会发生改变的观点。他们可能需要相信，他们可以外在地处理他们的想法。

在坚定特质频谱上处在第一区的团队成员可能需要相信团队有一个共同的目标。他们还需要相信，他们可以一直保持沉默，直到有人要求他们发表意见。

在坚定特质频谱上处在第三区的团队成员可能需要争辩。他们还需要相信，他们可以在决策做出之前提出他们的观点。

在变通特质频谱上处在第一区的团队成员可能需要相信，他们可以自由地对手头的任务持续保持专注。

在变通特质频谱上处在第三区的团队成员可能需要相信，他们可以自由地完整地考虑各种不同观点。

重要提示：这些特质中，没有哪一个是孤立的，而是和其他的特质交织在一起的，以创造WE团队的神奇。

每种特质的人需要什么样的规范（基本原则）？

如何尊重每种特质的独一无二性?

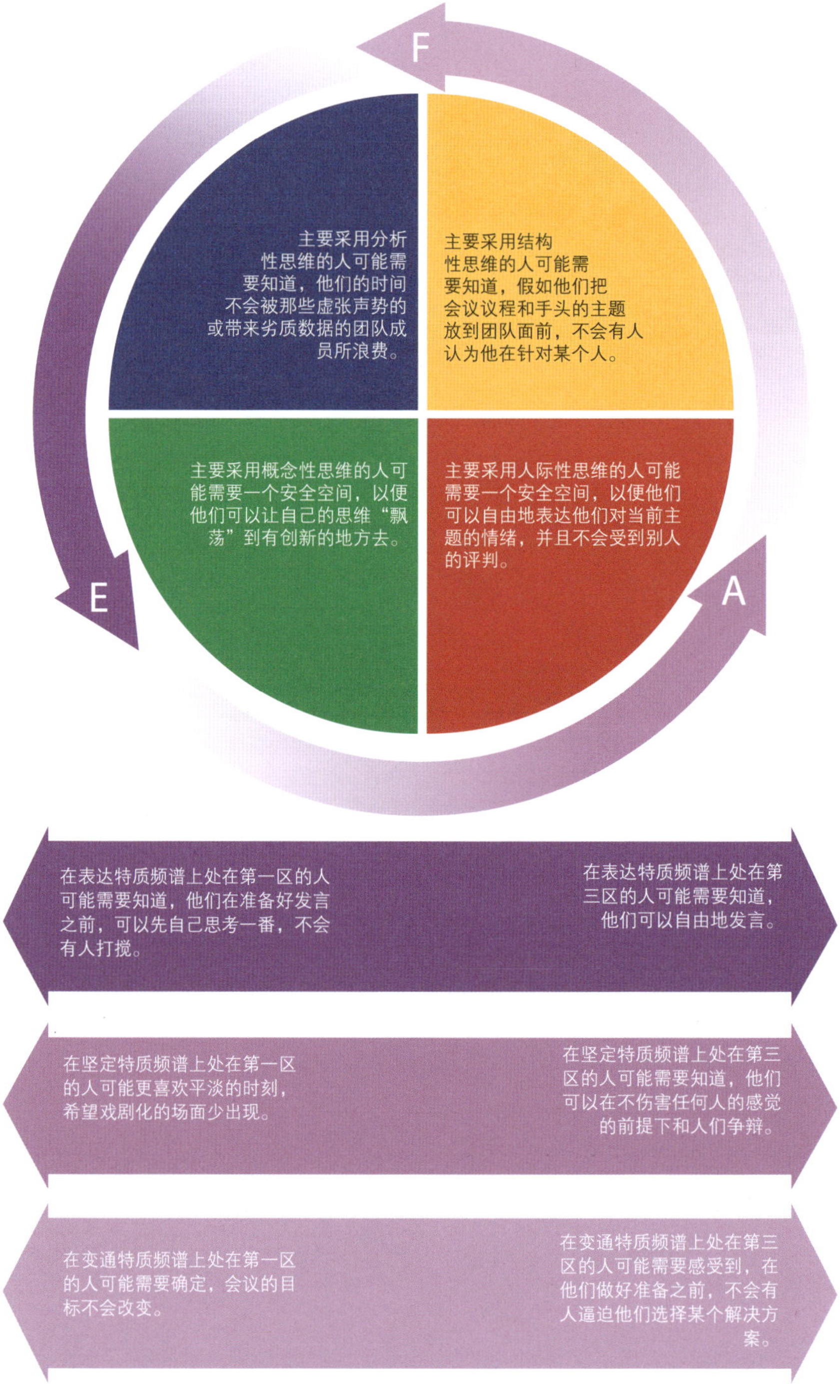

重要提示：这些特质中，没有哪一个是孤立的，而是和其他的特质交织在一起的，以创造WE团队的神奇。

第5条原则

运用“WE”的力量

释放团队潜力的方法

如果你学会了怎样运用“WE”的力量，那你可以自己做很多事情来确保 EG® 原则渗透到公司的每个角落，好比为你公司的“根基”浇水那样。这条原则将介绍如何在实际应用中做到这样。

谁是你最喜欢的孩子

想一想你公司的目标。如果你把它们写在了某个地方，别去看。取出或画出一张空白的 EG® 模板。给模板的每个区域贴上标签。不需要将行为特质的频谱分为三个等分——只需使用表达特质、坚定特质和变通特质这几个词而已。

现在，去找另一个会记住你公司目标的人，如你的行政助理、运营主管或分管人力资源工作的副总裁。问他们，你是否遗漏了什么。假如你和大多数首席执行官一样，可能就会有所遗漏。我们往往能记住那些触动我们自己的思维与行为特质的目标，但可能遗漏了那些对我们来说并不紧急且重要的目标，但它们可能对我们的员工、客户或公司极其重要。

恭喜你！你刚刚了解了你的大脑如何工作，而且你也运用了“WE”的力量。当然，你可能只看了一眼你的清单，但是采用这种方式，你可以将理解了你所遗漏的目标的人与其他的思维和行为方式联系起来。

改善不完美的WE团队

最能激发组织创新和工作效率提升的莫过于在不同的 EG® 特质之间产生的创造性的张力。释放“WE”的力量的最理想方式是组建一个完美的 WE 团队，如本书上一章中介绍的“第 4 条原则”中阐述的那样。假如群体中已经有了代表各种思维特质的成员，加上拥有不同行为特质的人，以及拥有三种或四种偏好的思考者，那么你就组建了一支随时准备投入工作的真正的 WE 团队（假如团队具有清晰的目标，并且成员之间相互尊重和信任）。如果团队中没有代表某种特质的人，你就需要采用 WE 方法（WEapproach）。这是一个包罗万象的术语，用来描述采用一种创新的方法来营造 WE 团队，即使你目前还没有创建这样的团队。

下列三条紧急措施将确保你获得 WE 团队的成果，哪怕你并没有创建一个完美的 WE 团队。这些方法的一种美妙的“副产物”是，它们全都唤起人们对每种特质的优势的关注。我们期望人人都学习每种特质，不论他们目前是否拥有它。这将培育归属感，鼓励多样性，允许存在不同的观点，建立相互的尊重，鼓励自上而下和自下而上的透明度与坦诚。

◆ 第 1 条紧急措施：邀请外人加盟你们

填补你的 WE 团队的空白的最简单的方法是邀请某个具有你遗漏的特质的人加盟。你办公室中的某个人一定会有所帮助。假如这个人已经熟悉了团队的目标，那就再好不过了——但这也并不是绝对的。向这个人分享你的项目情况，邀请他提出他的看法。即使你新的团队成员来自另一家分公司或另一个专业，但他能为你的团队带来你曾遗漏了的特质，他也能为你的团队提供你们并没有考虑过的深刻见解。

◆ 第 2 条紧急措施：“空椅子”法

如果你的 WE 团队成员熟悉 EG®，那么不管他们个人是否拥有那些特质，他们也已经很好地理解了所有的特质。当一个团队中缺失某种特质时，所有的团队成员可以更清楚地了解房间中呈现的不同“能量”，并有意识地考虑所有特质的情况，包括缺失的那种。

一种无所不包的好方法称为“空椅子”法。如果你差不多拥有了一个完美的 WE 团队，并且记住了某种特定的特质的思考方法，那么在你的办公桌旁边放一把空椅子。我的意思是，真正地给那种特质摆一把椅子。把这把多出来的空椅子挪近，以某种方式（便利贴、贴在纸上的标签、一件与思维特质相同颜色的毛衣等）表明，这把空椅子代表着某种特质。

在为团队中缺失的特质摆出一把空椅子后，一定要时常停下来反思，并从这种特质的角度来思考。这一简单的方法将产生巨大的效果。为了从缺失的特质的角度来为团队做贡献，团队成员必须展示他们发自内心的偏好，并且跳出通常的思维与行为方式。起初，这令人感到刺痛，但是这代表着团队中缺失的视角，对会议总是有益的。它还有益于你的大脑。当你开始练习这种方法，并设法在你的舒适区外开辟一些新区域时，会发生一些重要的事情。例如，你建立了新的神经通路，拓展了世界观，并且发现自己更容易和那些与自己不一样的人们沟通了。你能够更好地联想到并适应业务合伙人、客户、顾客等人的需要。他们会对你的公司产生积极的影响（再不会产生消极影响了），并最终有助于你提升利润。

◆ 第 3 条紧急措施：逐一列举

逐一列举（WEboarding）是另一个简单的流程，当你确保每种特质都能发挥它们的作用时，这个流程会漂亮地运转起来。下面将介绍你应该怎么做：

1．找来 10 张活动挂图用的大纸，把它们贴在会议室的四周。注意，你需要 10 张纸，不是 7 张。那是因为这个练习包括了行为特质的第一区和第三区这两端。

2．在每张纸上写下一种特质的名字。

分析性

结构性

人际性

概念性

表达特质频谱的第一区

表达特质频谱的第三区

坚定特质频谱的第一区

坚定特质频谱的第三区

变通特质频谱的第一区

变通特质频谱的第三区

你不必为第二区（“适应型”）制作图表。

3．现在，给团队成员一些时间在房间里来回踱步，并且静静地收集他们对“每种特质会给你们的主题增加些什么”的想法。让他们写下来，至少在每张纸上写下一条他们的想法，不论他们是否拥有那种特质。这里的意思是展示特质，而不是退回到熟悉的领地。我通常给这个过程至少留出 10 分钟时间，不过团队越大需要留出的时间越多。

4．阅读所有的回复并把它们作为一个团队来看待。确定怎样处理所有这些信息。

假设你正为你的公司制定营销规划，你已经把所有描述各种特质的纸归集到了一起。分析性、结构性、人际性和概念性的人们想了解些什么？什么信息在呼吁人们大脑中的这些特质来关注？什么事情又与表达特质、坚定特质及变通特质频谱的第一区和第三区产生共鸣？

关于逐一列举的一个好处是，在一个回合之内，你便阐述清楚了你的主题的每个方面。你在会议期间采取的每个步骤都是在向前迈进，几乎没有后退和曲折。逐一列举保持了一种总是向前推进的势头。

运用空白的模板

空白模板极为有益。它为每种特质的优先考虑提供了空间，并且全都浓缩在了一张只占一页纸的工作表格（见图 5-1）中。

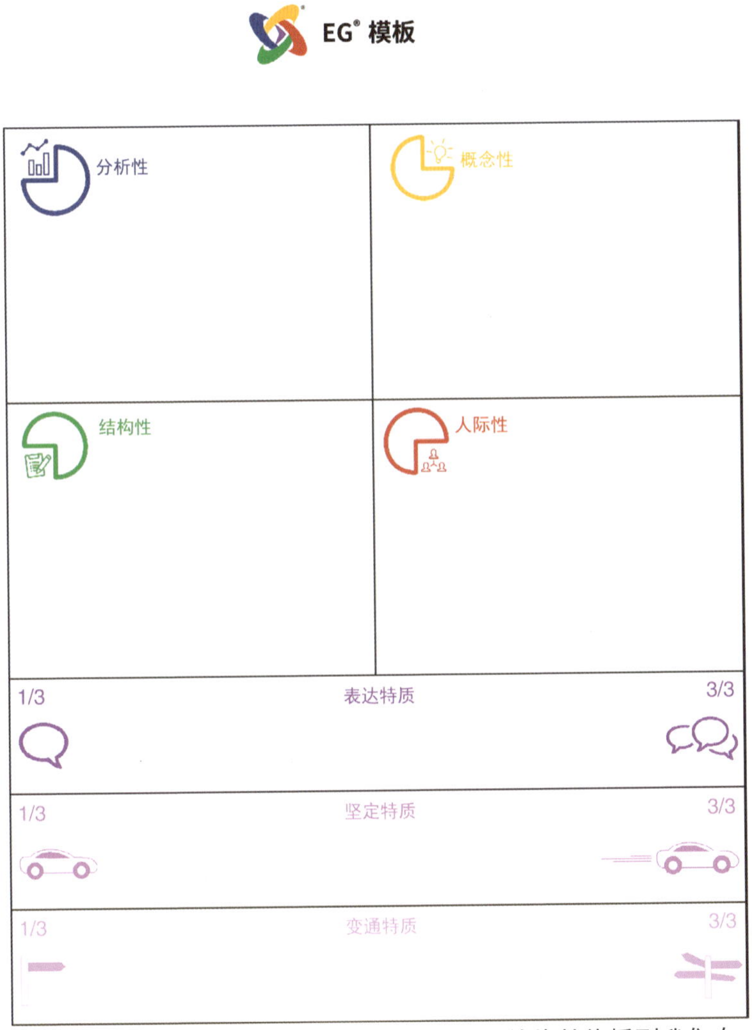

注：我们在内部使用这个版本的空白模板，并将其传播到我们在世界各地的分公司。

图 5-1

当你需要人们对某个特定观点进行反馈时，向你个人的 WE 团队发送一份模板。也许你想请求其他人说出他们的观点，但不想召集一场会议或打断他们的工作，那么用一张空白的模板把你的问题描述出来，交给他们，并且告诉他们：“我需要大家围绕这个主题进行一场头脑风暴。你能为我写下一些你对这些特质的看法吗？尽可能围绕多个特质来写，写完后交给我。”

我们经常在我的办公室里做这件事情，而这是接触在表达特质频谱上处在第一区的人的一种特别好的方式，因为他们需要时间来处理他们的想法。很注重保密的人可能不希望你看到他们在填写时使用尺子或依赖拼写检查程序。他们只希望能在自己的办公室内把他们的想法安全地写下来，然后再把模板递交给你。

使用空白模板的其他方式包括：

- 用它来为打销售电话做准备工作，不论你打电话的对象的剖面图是什么样的。你可以围绕你的推销词进行一场头脑风暴，要确保参与头脑风暴的人是具有不同特质的人。在头脑风暴中，你仔细思考了各种不同情形，并对你面前呈现的任何问题，都有一个基于 EG® 的回答。
- 把它带到会议上，并私下草草记下你听到的内容，确保会上的讨论涉及了所有的特质。
- 注明一些你想在接下来的谈话中说的事情，以免忘记。
- 用它来使得每种特质的人都出现在项目之中。
- 在准备一场展示时拿它做参考，提醒你怎样向各种特质的人求助。
- 在草拟使命宣言时使用它。
- 在准备绩效评估时使用它，以确保你不会让自己的个人偏见影响了评估的公平。
- 在构思营销信息时使用它，以确保你面向所有的客户。

在你的钱包或笔记本中保存一份空白模板，你会发现，它会在更多方面融入你的生活，甚至是你的个人生活。围绕如何翻新你的房子开展头脑风暴，写一本新书，制作一张节日贺卡……这些可能性是无穷无尽的！最终的结果是花少得多的时间制订更富创造性和更有成效的解决方案。

为了制订全新的培训计划，我们的运营部门使用空白模板来确保涵盖所有的主题，并且关注到了所有的细节。有时候，这些细节可能在解释新计划并将新计划付诸实践时遗漏了。使用逐一列举法，以便每个人都考虑到了所有特质，而且这个流程归纳了他们在实施新计划之前和过程中需要解决的所有问题。模板中的空白区域既有助于他们安排他们的职责，也有助于预测客户的想法与行为，以便为任何不测事件做好准备。本章对应的模板中插入了一份“运营程序”模板，以便读者检验这个过程是否适合你。你在审查项目时可能会用到这些问题，或者你也可以完善这些问题。

WE方法的投资回报率如何

我花了较多时间来探讨 WE 团队和 WE 方法，并介绍了你可以怎样运用“WE”的力量，但我觉得阐明运用这些技巧的原因同样重要。

首先，WE 团队和 WE 方法对你的利润产生直接影响。一个跨国的研究与咨询机构证实，团队中的成功合作将推动公司的绩效提升。他们向在世界各地众多行业的公司中身居要职的 946 位决策者发起了调查，这些公司所在的行业包括金融服务业、政府部门、高科技及医疗保健。这些领导者所在的公司，每年的营业收入介于 500 万美元至 100 亿美元。研究人员就他们公司中的合作情况提了一些问题，结果发现，合作不但影响公司的利润率、销售额增长、生产发展、客户满意度、创新，还是一家公司总体业绩的最重要的指示符。另一项研究发现，75% 的企业高管将与供应商及合伙人的合作列为公司的首要任务。这不是在白费力气做重复的工作，因为通过修改其他人的成功创意，你可以发挥自己的创造性并提高自己的工作效率，以便充分利用他们的创意。而你确保有效合作的最佳方法是运用 WE 团队和 WE 方法。

◆ 温德姆度假网络的成功

温德姆度假网络（Wyndham Vacation Ownership，WVO）是世界上最大的度假所有权公司，在我写这部分内容时，它拥有 219 处度假胜地。温德姆度假网络还是 EG® 剖面图的长期用户和执行者，也是我将其作为 EG® 改造的案例而合作过的第一批公司之一。

温德姆度假网络在经历了大规模的增长后，面临着搬迁其公司总部的挑战，以满足所有新招聘员工的办公需要，此外还要为它将来计划招聘的员工考虑办公用房。这一任务的完成，需要对佛罗里达州奥兰多市占地面积为 2.5 万平方英尺（约合 2 323 平方米）的大楼进行翻新，要耗费数百万美元的预算。启动这样一个大规模的项目，温德姆度假网络需要组建一个绩效优异的项目团队，团队成员包括来自众多部门及各个组织层级的代表。除了内部的团队成员，还有一些供货商和承包商，以协调项目的目标、预算和进度。新大楼的进展及员工的重新安置，需要很好地协调并且做到环环相扣，以免干扰生产和商业运营。那么，温德姆度假网络是怎样着手完成这样一项大规模的任务——一项可能得花近一年时间才能完成的任务的呢？它使用了 EG® 方法。

由 25 名内部领导者，以及外部供货商、承包商等组成的项目团队构成了一个 EG® 团队。作为项目启动过程的一部分，项目团队参加了一个 EG® 团队建设研讨会，以帮助成员理解自己和团队中其他人的剖面图。接下来，他们使用较小的 WE 团队，以便更有效地沟通、管控冲突，并且为他们面临的挑战提出创新的解决方案。从项目开始到结束，这个 EG® 团队剖面图成为沟通交流、任务完成及过程发展的必不可少的资源。

其结果大为成功。温德姆度假网络总部的搬迁工作不但在预算内完成了，而且还提前完成了——这在如此大规模的项目中几乎是闻所未闻的事情。工程只用了 11 个月就完工了，对公司的利润产生了显著的影响。不仅如此，在项目发展 WE 团队过程中迸发的创造性的张力还催生了一些新的创意，包括以前在公司从未见过的新的设计概念，这让员工喜爱不已。

把所有要素综合起来：留着一把空椅子的WE团队会议（见图 5-2）

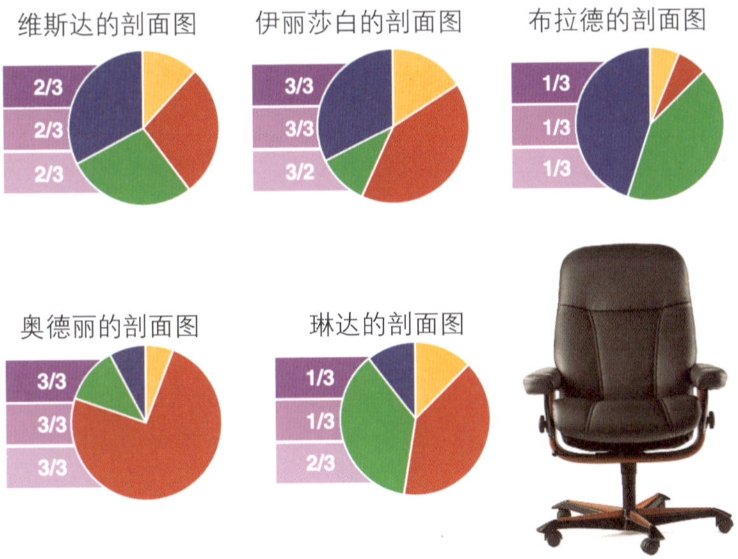

图 5-2

一个规模小但重要的团队在我们的总部预订了会议室，并且一连两天半都在开会。一家已经接受过 EG® 培训的大型运输公司希望将 EG® 更深入地融入他们公司。他们已经签约了整整一年的 EG® 培训。我们公司四名 EG® 员工中的三名，加上来自运输公司的两名助手，用 8 小时制订了一份个性化的计划。这个团队有许多问题需要解决，而且成员之间从来没有面对面开过会。

第一天的议程是组建一个运行顺畅的团队，明晰运输公司想在哪些方面发展其 EG® 优势，确定我们可以在哪些特定的方面怎样提供最大的支持，以及就如何使用 EG® 来改造他们的整个企业文化开展头脑风暴——此外还要表明，我们最终会怎样帮助他们提高利润。第二天的议程是准确地确定在什么时间需要做些什么，谁将负责哪些工作，怎样来衡量成功，诸如此类。整体的目标是，等到第二天培训结束时，为该公司第二年制订一个具体的行动计划。

你一定参加过这样的会议：与会人员互相并不认识，要想加快会议进程，得花很长时间。每个人都想做到彬彬有礼，与此同时，他们还试图评估其他每个人。与会者中有没有显而易见的权威人士？有想法的人？阻碍议事的人？沉默不语的人？滔滔不绝的人？冒险说出自己的见解是不是安全？或者，这是不是一场人云亦云的会议，老板已经知道想要什么样的结果，只是假装虚心听取大家的意见？来自 EG® 的团队成员采用了一些方法使这场会议变得既有成果又有效率。接下来，两名助手可以将这些方法带回他们自己的公司，并且在他们的会议中加以运用。

不利的消息是，没什么时间留给大家开玩笑或进行团队建设练习。不过，好消息是，每个人都有一样东西来帮助团队迅速地从相互竞争转向齐心协力完成任务，那便是 EG® 剖面图。

除了来自运输公司的伊丽莎白之外，其他每位与会人员都已经看过他们自己的剖面图。幸运的是，伊丽莎白曾听过许多关于 EG® 的讨论，对此有大致的了解。她只是不知道她自己特定的剖面图而已。

会议主持人维斯达首先发言。她把伊丽莎白的剖面图递给她，并且说道：“恭喜你！你是一位分析性 / 人际性思考者！”伊丽莎白马上转向同样来自运输公司的奥德丽，把自己的剖面图给奥德丽看。

“看见没有？”奥德丽解释说，“你在表达特质频谱上处在第三区，在坚定特质频谱上处在第三区，在变通特质频谱上处在第二区。”

奥德丽把她的剖面图交给维斯达看。“人际性是我的单一主导特质，而我所有的行为特质都处在频谱的第三区。”

维斯达说道：“嗯，伊丽莎白，你可能对你的这些百分比和百分位数到底是怎么计算出来的有许多疑问，对不对？在所有这些漂亮的颜色背后，究竟隐藏着什么样的科学？”

伊丽莎白看起来有些吃惊。“哦，是的，”她承认，“我的意思是，我知道它很准确，因为我相信 EG®，但这些数字太精确了。我发现我在坚定特质上超过了 95 分位数。那是不是代表着我是个惹人讨厌的家伙？”

维斯达笑了起来。“不，不！我们并不会使用类似那样的负面词语。但你可能喜欢快节奏，并且不介意与别人围绕你的观点展开争论。我猜你是那种喜欢开快车的人，不能忍受你前面的车开得太慢。”

“太有意思了！”伊丽莎白说，“我老公经常抱怨我开车太快了！”团队的其他成员也都笑了。

接下来，维斯达请每个人都举起他们的剖面图。人们总是喜欢看自己的剖面图与其他人的剖面图的对比情况，但最重要的是，相互了解对方的优势，同时还了解其他一些事情（例如，谁需要安静的环境来恢复精力，谁需要四处走动一下，谁对细节不感兴趣，谁又会深入探究事情的原委，诸如此类），是极其有益的。团队成员还会有另一次机会来短暂地相互观察成员的剖面图，但这一次是绝好的“破冰”的机会。当伊丽莎白发现她的两个好伙伴在坚定特质频谱的另一端时，她笑了。“我觉得我搞懂了这个。”她说。接着更深入地研究起了自己的剖面图。

接下来，维斯达引入了 3-2-1 练习：

3．分享团队应当了解的关于你的领导风格的三件事情。

2．分享你在和其他人共事时需要了解的、关于你的剖面图的两个关键要素。

1．解释你最喜欢（或者最不喜欢）以怎样的方式和别人沟通，并且告诉我们，你在这次会议中想要扮演怎样的角色或担负什么职责。

维斯达先来。她拥有多种特质的偏好——分析性 / 结构性 / 人际性，而且她的行为特质处在表达特质频谱的第二区、坚定特质频谱的第二区、变通特质频谱的第二区。她可以轻松地与会议室里的每个人沟通，并且充当团队的翻译。

维斯达对结构性思维的偏好，表明她对时间敏感，并且有兴趣总结团队成员的任务，不但能够完美地总结，而且还在最后期限到来之前总结。她说："我将生活在我的绿色之中，也就是继续保持结构性思维，让我们始终处在正轨上。我不会为我的坚定特质而道歉，因为我希望推动我们达成共识的事情圆满结束。"维斯达清楚地知道，如果她说"我们需要继续保持这种前进势头"，应该不会有人感到被冒犯。她必须在最后期限和承诺面前奋力争取，并且做出相应的调节，以免团队成员认为她严厉。团队也需要她推动每个人前进。这在一开始时就作为一种规范予以确立，因此当维斯达不得不说"让我们继续"或"我没有听说那件事有时间限制"，以便重新聚焦他们的讨论时，每个人都给予适度的反应。

所有的团队成员依次解释，在团队的背景下，他们希望其他人了解他们的哪些方面。所有的会议中都存在相互对抗的兴趣和个性，但是从 EG® 的角度看，这没什么可害怕的。安静的、坚忍克己的成员解释说，即使他们的表情没有改变，而且什么也没说，他们也的确在倾听。实际上，他们确实有自己的见解。在他们做好准备发言之前，不喜欢人们将目光聚集在他们身上。另一些人表示，他们在决策之前需要数据和逻辑的信息。如果他们催着要所有的事实，绝不是在指责。团队成员在会议桌旁走来走去，分享他们的 3-2-1 信息。

伊丽莎白最后发言。她说：“现在我明白我为什么如此理性了。在飞机上，人们要么喜欢我，要么讨厌我，因为我可以在整个旅程中和他们说话——除非他们戴上耳塞式耳机。我猜想，这是由于我将这种人际性思维与第三区的表达特质结合了起来。说到和我沟通……不会有任何错误的方式！我热烈欢迎。”

在另一种场合，伊丽莎白可能被认为在炫耀，但这里很明显，她的外向和坚强的个性就是她的天性。EG® 通过展示个人如何做出本能的反应，围绕人们的思考和行为方式制定了一个目标。假如你拥有一个怀着善意的团队——伊丽莎白所在的这个团队就是这样，那么 EG® 便彻底消除了语言和非语言交流中可能伤害感情、激发怒火，甚至破坏进步的主观情况。通常，当会议开得不顺利时，人们会相互质疑对方的动机，无法做到四目对视，感觉不到被对方理解或欣赏。他们会变得古怪，合作也会出现问题，然后他们开始独立地工作或加入较小的团队。在这里，团队的合作是首要的任务。由于所有的事情都是从剖面图的角度来解释的，因此没有什么东西被认为是针对个人的。

所有团队成员的每种特质都有闪烁耀眼光芒的时候，而整个练习只花了 15 分钟。几乎在片刻之间，他们便感觉到相互之间发展了一种真诚的、信任的氛围。他们可能已经感受到了健康的、创造性的紧张与协作，这种情形在合作的团队成员有着多样化的思维与行为方式时出现。

接着，维斯达把五张剖面图都贴在了墙上，然后提醒大家，每位与会者会把什么样的视角带入会场。在整个会议期间，剖面图都在那里充当着参考和提醒。把它们贴在墙上，团队成员可以指着它们说：“我现在的特质是蓝色的”，或者“我们在过去的 30 分钟里展示了明显的红色特质——现在将给它添加一点点绿色，并且在那些创意中加入一些结构性的思维”，或者“让我们在几分钟时间内采用绿色的特质，并围绕这些创意下定决心，而不是只求拥有好的创意”。

随着他们贴出剖面图，维斯达注意到，团队中没有概念性思维的人。

她说：“好的，接下来，现在是使用空椅子的完美时机。”她把会议室里那把多出来的椅子拉到桌子旁边来。奥德丽说：“瞧！我已经是概念性的思考者了！”奥德丽拿出一张纸，在上面画了一个黄色的笑脸，再给笑脸画上卷曲的头发，以代表缺失的概念性思维。“我想把他叫作爱迪生。”

维斯达在那张笑脸下面写上“爱迪生”的字样，并把这张纸贴到了空椅子上，以提醒每个人。随着会议的继续进行，每个人都要展示自己的特质。维斯达说：“概念性神经通路为我们的讨论带来了创新和新的创意。具有概念性思维的人可以从上到下观察事物，或者从其他的视角来观察，以便看到其他人看不到的各种可能性。他们还从大处着想——思考大局、心忧长远，还考虑在宏观的层面上，万事万物如何协调一致。如果这个团队中没有概念性的特质，我们可以很好地把实际的时间期限综合起来考虑，但也可能忽略了创新的解决方案。”维斯达询问所有人，是不是确保了这种概念性的特质获得了足够的关注。团队成员可以向外界展示他们的一般特质，并且以“爱迪生”可能会奉献的方式来为团队做贡献。

伊丽莎白感到这样有些不舒服。由于她自己的剖面图使然，她一定要对此发表一番评论。她满腹狐疑地问：“你们真的需要一把空椅子吗？这很重要吗？”

EG® 的员工立即开始讨论起来，并请她放心，团队确实需要那把空椅子，而且这很重要。维斯达解释道：“当我们采用这种方法时，我们不只是邀请‘爱迪生’参加我们的会议。我们是在展示自身的特质，并且更加擅长运用那些不在我们自身舒适区范围内的思维和行为方式。实际上，这并不容易。我们将不得不时常停下来，切换到‘爱迪生’

的视角。不过，你们应当知道，为了你们，也为了你们的公司，这种做法在我们的大脑中建立起了新的神经通路，它反过来使我们更容易与同事、客户、顾客及其他跟我们不一样的人产生联系。在 EG® 国际公司，我们发现，这种做法为每位员工都营造了更好的工作氛围。”

维斯达接着改变了话题。“我得提一下几个内务工作的细节，它们有助于将这次会议保持在正轨上。我们有一个小团队，因此我觉得不会有任何问题，但还有几件事情要牢记在心。如我对伊丽莎白提出的那样，在 EG® 国际公司，我们避免使用负面的词汇。我们相信，每种特质都给这间会议室带来了某些重要的东西，因此你们先不要生别人的气，而是先看一看墙上的剖面图，确定一下别人到底具有哪种特质。如果你有任何的个人偏见（顺便说一句，无论我们是否承认，我们大多数人都有这样的偏见），把偏见留在门外。这是一个安全的地方，你们都可以大胆说出自己的主意。你们也应当感到自由——只要礼貌地做好你自己就行。”

团队成员笑了起来。他们每个人都对那些气氛变得不友好的会议印象深刻。

公司的助手迅速浏览了公司的使命和财务健康状况。总体前景有喜有忧。眼下，他们的品牌建设工作令人满意，有着很好的消费者认同优势，但面临着激烈的竞争。时势越是艰难，公司便越难以保持竞争优势。

多年来，公司在技术上投入了巨资，却没有过多地考虑员工。新任首席执行官意识到，一家公司只有员工优秀、企业文化优异，并且愿意在员工身上投资，才能称得上好公司。当前，员工的不满情绪弥漫，员工流失率居高不下，首席执行官没有耐心在相互竞争的高管之间“灭火救场”。此外，还有一些真正的工作要做。他之所以选择 EG® 国际公司，是因为他意识到，这些缤纷的颜色容易记住，而且剖面图易于理解，至少表面上看是这样。这是一种对各个层次的人都管用的方法。

奥德丽和伊丽莎白回答了来自 EG® 国际公司的团队成员所有的问题。他们应当知晓的公司当前正在采取的削减成本的措施有哪些？为什么这些公司能够做其他公司做不到的事？他们希望以怎样的方式使自身脱颖而出？要怎样来准确地衡量成功？公司的企业文化是怎样的？办公室又是一番什么景象？

有人刚才一直在思考交通问题，突然像爱迪生发现了钨丝那样恍然大悟，说道："我听说他们要把小型飞艇带回来！"他的这句评论起初似乎没有引起大家的兴趣，但后来，团队开始探讨 3 年、5 年、10 年后的交通会是什么样子。这家公司如何将自身定位为开路先锋呢？

讨论中冒出了许多好的问题，但维斯达将团队拉了回来，并力推几项特定的需求。首先，公司想把 EG® 融入培训与发展项目中的各个层面中去。此外还需要一些多样性的培训。这些都是 EG® 时时刻刻为众多不同类型公司处理的简单任务。最大的问题是和什么人一起，以及在一起的次数。这些细节留待进一步讨论。

公司希望使用 EG® 方法来营造一种每位员工都能感受到的合作氛围。他们想让员工觉得在这家公司工作是一种美好的体验，并且想要留住更多他们培训过的员工。员工们拿出了一份 EG® 报告，上面列举了从首席执行官直到刚来的实习生在内的每位员工。

在表达特质频谱中处在第一区的 EG® 团队第三名成员琳达插话说道："我怀疑你们有没有进行过任何的调查。如果进行过的话，谁收到了调查问卷？你们问了什么类型的问题？调查的反馈是什么？"没有，他们没有分发过任何调查问卷。前任首席执行官对员工的反馈不感兴趣。奥德丽脱口而出："获得所有员工的剖面图，绝对是最好的选择！"她接着补充道："爱迪生有个问题。除了我之外，这里的每个人都对 EG® 的 App 十分熟悉。我们能不能用它来跟所有人接触呢？如果我们运用你们的数据库，为公司访问每位员工的情况，会怎样？你们能以这种方式进行调查吗？或者，我们能不能收集员工的自我测试，并按照 App 对比实际剖面图的方式来对比那些自我测试的结果？”

“好主意！”布拉德说道，“如果我们把每个人的剖面图都放到 App 上，那么所有人都能以同一种语言来相互交流，即使他们生活在不同的城市和国家。”

团队持续着这种讨论，过了两个小时后，休息了一会儿，以便让安静的成员恢复精力，活跃的成员外出走走。此外，为了防止开会疲劳，每个人都吃了一块补脑的点心。四个小时过去时，他们对 EG® 可以为这家公司提供什么有了清醒的认识，也知道了第二天要探讨一些什么问题。这次休息还使得会场上更安静的团队成员有时间消化他们的想法，以便第二天开会时说些有见地的事情。

第二天，维斯达首先发言说：“我们不希望离开这里时，只是有一种模模糊糊的快乐的温暖感觉。我们需要弄清楚公司目前的状况，以便将来可以衡量我们的成功。接下来，我们需要一份特定的时间表，规定我们将提供什么、什么时候提供。谁愿意第一个说？”

维斯达在整个时间里继续扮演“连接器”的角色。她可能讲述一个“红色的”（激情澎湃）故事，或者进行一次“蓝色的”（客观冷静）分析，或者运用“绿色的”思维（心态平和）问道：“我们怎样确保不会在那个点子上失败？”或者问：“我们可以做些什么，以确保那种情形不会发生？”布拉德兼有蓝色 / 绿色的特质，而奥德丽的特质以红色为主导，但维斯达将这些思维特质整合到一起来，以确保团队仍然保持正轨运转下去。

布拉德想知道运输公司的设备、硬件和软件的最新情况。他们在使用哪些光鲜亮丽的新东西？将来又会用什么？

这引向了关于免费赠品的讨论，也就是公司可以向员工赠送些什么，以便每天提醒员工记住 EG®。这些东西必须是价格便宜但有效的。

"扑克牌怎样？可以把你们的标志印在上头。"

"那听起来太贵了。此外，你知道，到时候地板上会全是扑克牌的。"

"吃的东西呢？毕竟人人都喜欢。"

"耶……但我敢打赌，人们会担心食物过敏，或者他们可能在节食减肥。"

"旅行肥皂怎么样，就像宾馆里的那种？"

"我不知道。我已经有了我最喜欢的洗发水，不需要别的了。"

"我的房间里有些钢笔，有的是电工留下的，有的是保险代理人留下的，甚至有的是牙医留下的。大家觉得钢笔怎么样？"

这次，没有人提不同意见。人人都需要钢笔。而且在公司的办公室里，到处都发几支也没关系。或者，所有的员工可以拿到他们自己的钢笔。只要需要写字，就能用钢笔来提醒大家记得 EG®。

有人欢呼道："爱迪生回来了！如果每支钢笔的颜色各不相同，而且上面印着不同的字样，会怎样？好比蓝色的笔上印着'给我数据'！"

团队还围绕印在钢笔上的不同的话进行了一番头脑风暴。一切都谈得很快，只是在他们谈到"红色"时出现了不同的意见。

"这里有一句很好的话！"奥德丽说道，她是这家公司具有人际性思维的代表。"'写下发自内心的回忆'，怎么样？"

有人脱口而出："哦，呸！"团队里的其他人都惊讶地抬起了头。

维斯达尽可能表现得冷淡地说："嗯，这确实发自内心。"

布拉德马上道歉："对不起。"这种行为对布拉德这个处在坚定特质频谱的第一区的人来说，是闻所未闻的。"那是刚刚想出来的。但是，难道我们就不能重点关注人际性思维的不同方面吗？比如说讲故事？"

会议室中具有人际性思维的其他所有人马上开始探讨起来。他们差不多都站起来了。“哦，不，这是完美的！我们必须这样，这是所有提议中最好的一个！”

奥德丽喊道：“布拉德！你怎么能这么说？”她的人际性特质使她觉得这场讨论是针对她个人的。

布拉德仍然对“发自内心的回忆”具有本能的反应。对他来说，这听起来是愚昧和蠢笨的，但他迅速恢复了自己在坚定特质频谱上第一区的那种行为。他设法以稍稍婉转的方式来限定他的回答，说道：“就我个人来讲，我绝不会拿起这支笔。”

会议室里具有人际性思维的人没有被他的话打动。他们争辩说：“嗯，我们会首先拿起这支笔。”

无奈之下，布拉德“举手投降”。他说：“好了，我意识到，我可能具有概念性 / 分析性的思维，我只是自己没有明白罢了。我可以接受在房间里跳来跳去的其他所有人，就是在证明，这句注重社交的话适合印在钢笔上。我不是专家，因此我绝不能为这场特定的探讨给予反馈。”最后，布拉德乐意接受这句“发自内心的回忆”的话，但不是因为他喜欢这句话，而是因为他有证据证明，接受是合适的举动。

团队如此高效地达到了目标——制定了一个时间表和日程安排，以及一些应急计划。完成这些之后，8 小时的会议宣告结束。这是一项不可思议的成就。会议结束后，伊丽莎白和奥德丽在他们的反思中写道：“我们希望所有的会议都这样开！”

反 思

想到有那么多研究会议、领导力和授权的专家，但他们的研究成果没有给人们带来任何改变；还有许多类似节食减肥的商业书籍，每个人都在读最新出品，但生活还是什么都没变——这正是我们要写本书的原因！

一想到每天的每分钟全世界要召开数百万次会议，不免让人感到震惊。想想会议桌上那些塑料咖啡杯、PPT 演示、令人头疼的办公室政治，以及人们离开会议室时心怀的愤怒、失败、屈辱和羞愧。一旦涉及人，事情就变得复杂了。此外，还可以想想浪费了多少时间！

现在，尽管你可能从来没有经历过，但也可以反思一下，通过使用 WE 团队，你可以减少多少废话。每位与会者都全身心地参加会议，因为他们能胜任工作，有一个共同的目标，并且能在会议中奉献自己的点子。适当的时候，邀请客户服务部门的负责人参加会议，让他们告诉你，公司的产品表现如何；或者请仓库主管参加会议，让他们向你介绍，有多少件产品由于工艺差劲被客户退货；或者请发货部门主管来解释，为什么卡车运费这么高。你需要来自一线的信息。

确保使用优雅的语言，还要保证会议室是所有人能够大胆说出自己想法的安全的地方。当你发现，对思维与行为特质的说明解释了某人会怎样对待某件事情或希望获得怎样的对待时，这突然使得人们的互动变得更客观了。冲突、变革及项目，都可以通过剖面图来进行迅速而有效的讨论。人们的交谈变得流畅，提出的点子迅速转化为成果，很多事情似乎毫不费力地发生了。当你将 WE 方法融入你公司正在做的每件事情上时，从在职培训到营造高效的工作环境，从改造企业文化到准备公司的会议等，它都将改进你的结果，而且你会亲眼看到这种变化。你运用 WE 团队或 WE 方法时付出的努力，将体现在你公司的利润之中，而利润的提高就是由于你采用了这些方法。

执行步骤

1. 核查你的公司的招聘程序。你是不是确定了一些方法，保证你既能招聘到能胜任工作的人才（参见“第4条原则：开好思维碰撞的会议”），又能招聘到具有认知多样性的不同人才？

2. 获得团队的剖面图。对团队进行EG®分析。有没有哪种特质的人被你遗漏了？哪种特质的人太多了点儿？哪种特质的人又太少了点儿？所有人是不是都具有最佳的思维特质？使用EG®特质来建设项目团队，而不是根据地位和职务来建设。合适的特质与技能，将构建跨部门的WE团队。如果你不想在取掉团队中“最弱的一环”时引发冲突，那么你至少可以邀请一些能胜任工作的新人加入团队。

3. 如有必要，使用三条紧急措施中的一条作为WE方法。

“第5条原则：运用‘WE’的力量”的模板

1. 不同的人会如何阅读本书?

   具有不同思维与行为特质的人，会以不同的方式阅读本书。

2. 运营程序。

   运营团队使用这个模板来对一套新提出的运营程序进行头脑风暴。首先，他们会提出一些在程序完成之前需要解决的针对每种特定的人的一些问题。

3. EG®模板。

不同的人会如何阅读本书？

具有不同思维与行为特质的人，会以不同的方式阅读本书。

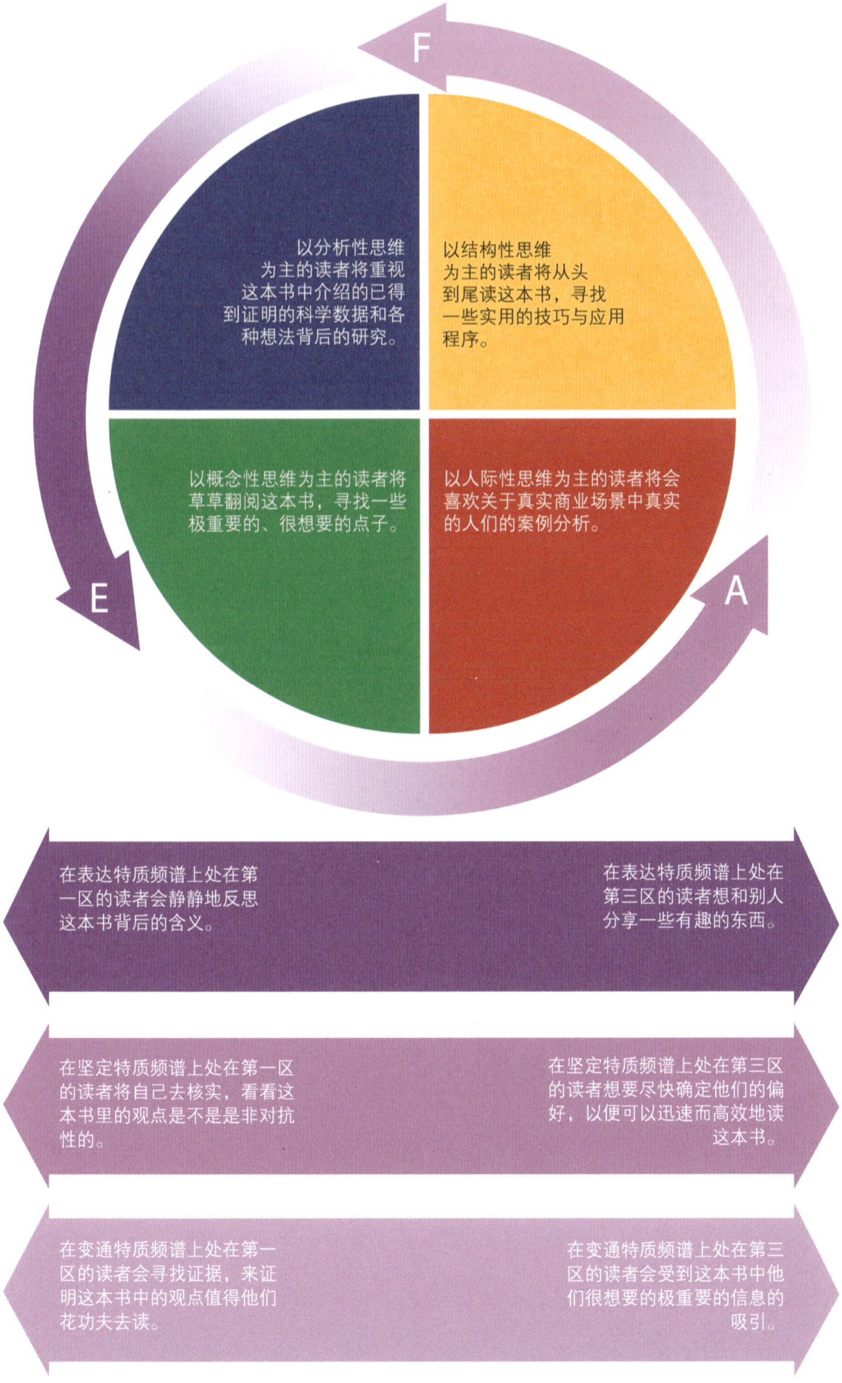

重要提示：这些特质中，没有哪一个是孤立的，而是和其他的特质交织在一起的，以创造WE团队的神奇。

运营程序

运营团队使用这个模板来对一套新提出的运营程序进行头脑风暴。首先，他们会提出一些在程序完成之前需要解决的针对每种特定的人的一些问题。

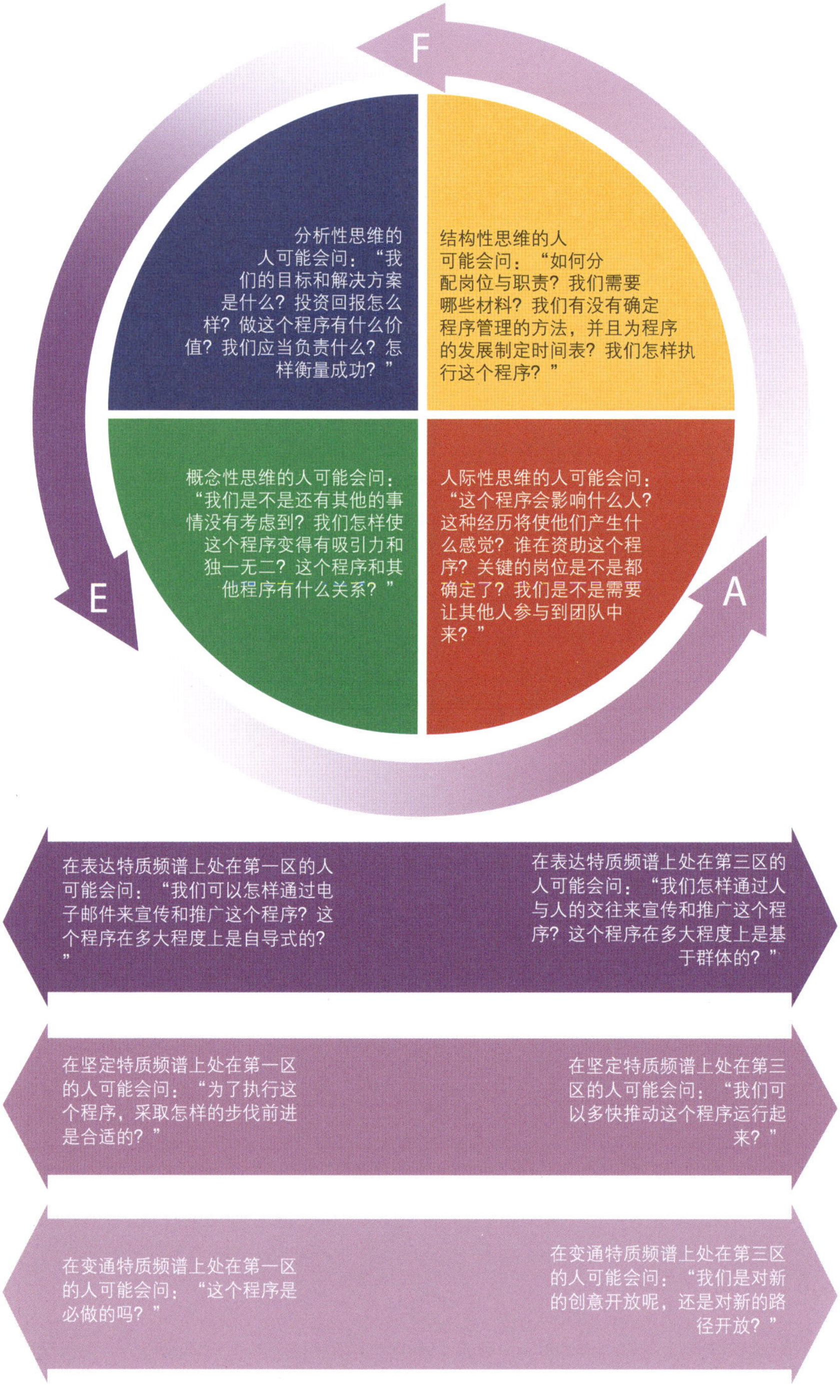

重要提示：这些特质中，没有哪一个是孤立的，而是和其他的特质交织在一起的，以创造WE团队的神奇。

EG® 模板

分析性	概念性
结构性	人际性

1/3	表达特质	3/3
1/3	坚定特质	3/3
1/3	变通特质	3/3

第6条原则

让员工为工作而生活，而不是为生活而工作

工作不只是两次假期之间苦熬的那段时间

人们对工作的态度已经发生了翻天覆地的变化，不再像以前那样，为同一家公共事业公司服务50年，然后得到一块金表作为奖励。人们对职业的忠诚经历了巨大的改变。今天的老板们仍然对那些“千禧一代”感到震惊，但是只要你关注一下他们是怎么长大的，也关注一下他们从上一辈人那里继承了什么，便会发现他们的行为真的一点儿也不让人吃惊。我想了解不同世代的人怎样回答关于他们的工作与生活平衡的问题，还有关于得到、保住和珍惜一份工作的问题。

两代人：改变对工作的态度

我首先从一个 X 一代的成员开始观察。如今，他的孩子已经成年，在他以前工作的地方，办公室的氛围不会太随意。不像今天那样直呼老板的名字，而是称老板为“某先生”。

◆ 上一代人如是说

你一定听过一些生活窍门，如手机上的快捷键、折 T 恤衫的最快方法、制冰盒妙用法。今年 50 岁的肯恩在一家为金融机构处理信用卡的公司工作，精通各种工作窍门。他想办法在不被解雇的情况下适应自己的工作。

“我的公司正在裁员，因此我的老板对我说，我可以按原计划到墨西哥度假，但每个小时需要和公司联系一次。我和我的助手达成协议，第一个小时，她给我发一条短信，到下一个小时，我会回复她的短信。她给我发短信的内容是字母 A，一小时之后，我给她回短信，内容是字母 B。第二天，她会首先给我发来数字 1，我回复她数字 2。这样一来，她可以隔一个小时不用给我发短信了。因为我们俩在同一个时区，那么我就获得了两个小时的不受限制的假期时间。等到我返回工作岗位时，我的工作保住了，因为我留下了记录，在度假期间每小时与公司联系一次！”

肯恩利用技术战胜了这个体系。你可以猜到他的 EG® 剖面图吗？他继续说道：

“最近，我在科罗拉多州猎杀大角羊。我既带上了我的野营装备，还带上了职业着装，因为每周我必须离开那里两天，飞到辛辛那提市去做一场演示。做完演示，我再回到打猎的地方来。”

我好奇地问道："那岂不是给正在度假的你增加了许多压力？"

"就是这么回事！"他答道。"我这么做，是因为我是公司的优秀员工，我习惯了这样做可能给我或我的家人造成的痛苦。'千禧一代'的员工会说：'难道我们就不能想点别的办法来既做好我的工作，又不耽误我的旅行？'我甚至想都没想过这个问题。在工作中投入时间，本来就是职责描述的一部分。这是我和公司达成的协议。我认识的'千禧一代'的人，如果他们不喜欢公司的着装规定，他们不会接受公司的工作岗位。而我在找工作的时候，这种事情绝不会发生。"

我说道："好的，肯恩。你一定可以想出别的办法，让你自己既把那次演示做好，又能安安心心度假。我认为，这涉及你愿意使用手中多大的权力。有项研究说，在你被经理解雇之前，可以做得比经理对你的期望更好。"

他说："对。我不会丢掉工作，但我会失去一些政治资本。"

我说："我在和你谈的原则，涉及对工作与生活平衡的关键。你对此有何看法？"

"我们这代人依然相信公司，而且是天真地相信。公司过去常常照顾我们，但如今，公司更多的是盯着利润和华尔街，而不是关心员工。我不觉得这有什么不好。我对工作的忠诚，不是取决于公司，而是取决于我对学习和获得下一个岗位的渴望。我们这一代人，是个濒临灭绝的物种。我的孩子们和他们那一代人不在乎公司想让他们做什么。看一看我们是怎样养育他们的，学校是怎么对待他们的。为什么我们要指望他们换一种方式对待他们的工作呢？"

肯恩的剖面图

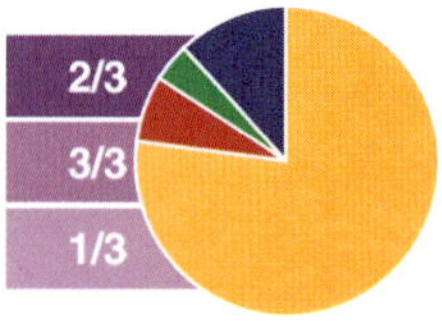

图 6-1

肯恩的剖面图如图 6-1 所示。

◆“千禧一代”如是说

我想找一位“千禧一代”来了解他们这代人到底是不是这种情况，因此我和 23 岁的艾比进行了交谈，她从学校毕业后就加入了我们 EG® 国际公司。

我问艾比：“你在申请第一份工作的时候，都想些什么？”

她回答：“我会问自己，‘我看重些什么，我要去的公司看重些什么，我在什么地方可以产生影响，以及我怎样对某人的生活产生影响’。当我能够正面回答所有问题时，我会觉得精力充沛、劲头儿十足、激情满满、富有成效。如果我不能正面回答这些问题，我想知道这意味着什么，我为什么会在这里，我能不能在别的地方做得好一些，以及我是不是得到了重视？”

如今，人们搜索工作、寻找岗位、设计自己的职业路径的方式都在改变。人们越来越多地把个人的目标、热情及他们与工作产生的共鸣等摆在首要位置。人们会问自己：“我个人的目标是什么？我怎样以最有意义的方式与这份工作产生共鸣？我在为自己创造更美好生活的同时还可以影响谁？我可以从什么地方找到生活的意义？还有，我在什么地方可能觉得受到了重视？”薪酬水平和安全感不再是优先考虑的事项。如果他们与公司、岗位或其他员工产生不了共鸣，留下来的渴望就会消减。能够让员工与自己的目标产生联系，并使他们觉得自己受到了重视并获得了授权，有助于提高员工保留率。

艾比说：“人生的目标不再只是维持你自己的生计。工作和金钱都是身外之物。首要的是拥有一个不会让你后悔的目标。人们开始看重无形的东西。每个人的热情及他们决心改变世界的观念，都将是不同的。我自己的目标是保持全球层面上的可持续性发展并承担自己的社会责任。我弟弟的目标是在现有的行业中生产出具有创造力和创新性的产品。我最好的朋友正在努力通过推销产品与服务，以确保照管好所有的动物。我们全都着眼于找准我们的定位，并争取实现我们的某些人生目标，而如果能够通过我们的工作来实现，那就再好不过了。”

艾比的剖面图如图 6-2 所示。

艾比的剖面图

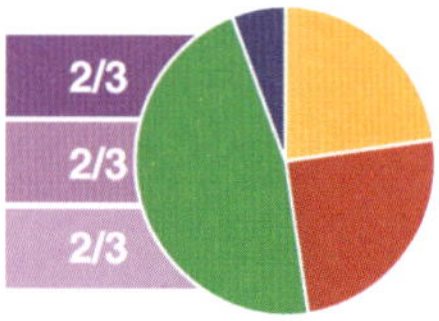

图 6-2

职场中的四代人

在今天的职场中，总计有四代不同的人，每代人都有不同的特点，对工作和工作环境的期望也各不相同（不过，代与代之间存在一定的重叠）。简单地讲，这四代人分别是：

1. 沉默的一代（也称传统的一代），也就是婴儿潮一代的父辈。这一代人口最少。他们往往对公司极其忠诚，在那里一直工作到退休。

2. 婴儿潮一代。这代人很想通过职业生涯谋求财富积累、发家致富。

3. X 一代。这代人想要保持工作与生活的平衡。他们到办公室工作时，往往聚精会神地投入工作。一到家里，又把全部注意力集中在家里。两者之间互不掺杂。

4. 千禧一代。这代人认为，工作应当是家庭生活的延伸。他们把办公室看成一个生活空间，一种长期友谊的来源。他们更多地受到公司奋斗目标的鼓舞，薪酬水平对他们的吸引力不大。

你和你这一代人分享的各种活动，持续不断地更新、影响和改变着你对待工作的方式。身为 X 一代的肯恩，本着确保自己“是位好员工”的心态来对待自己的假期。身为千禧一代的艾比，则在很大程度上受到她对这个世界产生的积极影响的激励。

加拿大蜂巢战略营销公司首席执行官安迪•克拉普斯基说过：“一个受目标驱使的品牌，不但完全聚焦它在市场中的竞争优势，而且极为关注它怎样影响这个世界，以及如何对待公司的员工。今天的品牌、机构和政府组织都一样，不能只是为了追求利润。他们必须富有远见，认定随着时间的推移能够在世界上发挥积极的作用。这条道路是建立信任的唯一方式，也是驱动利润增长的关键和基本的变量。所有这些必须在一种完全透明的环境中创造，在这种环境下，公司上下始终如一地清楚公司的愿景、目标，以及为实现这些目标而专门制订的计划和采取的行动。

你是为工作而生活，还是为生活而工作

当一切行将结束时，怎样来定义人的一生？对你来说，做出比你自己能做出的更大贡献，是不是很重要？你希望人们怎样记住你？是把你当成充满爱心的孩子、配偶、伴侣、父母来记住吗？是作为成功的靠工作来谋生的人来记住吗？是作为一位发明家、社区组织者，还是地球的保护者来记住吗？是上述所有这些还是其他？

前面描述过的肯恩在他的假期里过得最充裕。他工作就是为了赚到足够的钱，以便自己有机会享受下一个假期。他为了生活而工作。

我们公司的千禧一代艾比，不会将就着去接受自己不喜欢的工作，在她看来，理想的工作是每天都能让自己热情满满去干的。她在一家拥有自己喜欢的工作环境的公司中找到工作后，能够做自己喜欢做的事情，看到自己喜欢看到的人，并且可以用自己的行动来支持这家公司的全球化事业。她是在为工作而生活。

为工作而生活，意味着早晨醒来后对自己能去工作感到兴奋不已。这样的工作令人们觉得激情澎湃，使他们觉得备受重视，感到自己是集体中的一分子。他们相信，他们做出的贡献真的是有意义的，而不论组织的大小如何。为工作而生活，就是一种简单的想法——人们将

在醒着时度过的大部分时间中，努力找寻生命的意义和目的。

你的公司怎样满足各个世代员工的需要

肯恩和艾比在对公司应当为他们提供什么、他们应当为公司做出怎样的贡献这两个方面的期望迥然不同。作为领导者，你必须提供一定的空间来尊重这些不同时代的人，并满足他们的期望。

由于千禧一代在劳动力队伍中占据的比例越来越大，各组织的办公室中将有越来越多的这一代人。随着他们人数的增多，我们必须重新审视我们已经良好建立的完成工作任务的流程。是不是采用了公平的薪酬标准？是不是有一支多样化的员工队伍？有没有营造令人愉快的工作环境？有没有构建一套帮助员工进步的体系？想必看到这些问题，我们已经感到不舒服了。

起初，当我们刚刚聘用的 20 来岁的年轻人要求参加高层讨论，或者询问他们能不能下午 3:00 回家陪伴他们的宠物时，我们很有挫败感。不过，我们渐渐地意识到，他们总是通过手机与办公室联系，而且总能做到随叫随到。这样一来，当他们请求带着宠物到培训班上来，或者为练习即兴表演的戏剧而提前下班，或者由于滑雪场的雪粉很特殊而想去体验一把时，这些请求就变得没那么有威胁了。

10 年前，我听过一位未来主义的演讲家演讲。他在演讲中建议，所有企业都应当招聘几位 20 来岁的年轻员工，因为他们拥有大量的技术知识。他说得对。当我们按照演讲家的建议做了时，发现办公室的氛围变得清新而有活力，因为这些新员工不但解决了令人烦恼的电脑和电子问题，而且还创造了新的产品，拓展了我们的业务。

在世界各地的公司中，传统的工作观正受到挑战，而且这种趋势似乎不会很快放缓。最近的一项民意调查显示，2015 年，在所有刚刚当上妈妈的女性中，62% 的人在生育孩子之后选择工作，比 2005 年有所增加。随着在劳动力大军中千禧一代的母亲越来越多，我们可以判断，她们对工作场所像家一样温馨的期望也会越来越高，因此对各个公司来说问题又变了。你公司的办公室有没有哺乳室？你会不会慷慨地提供家庭医疗休假计划？你能不能允许妈妈们在家里工作？

这些不只适合女性。你也不能忽略了年轻父亲。你的公司给男性员工放陪产假吗？有没有制定灵活工作的制度，以便当孩子的母亲在上班时，父亲可以在家陪着孩子？不论是父亲还是母亲，把他们襁褓中的婴儿带到办公室来，是可以接受的吗？这些问题仍然在刺痛着我们。

为你的组织开展 EG® 培训，可以塑造一种尊重这些不同工作方法并帮助缩小代与代之间鸿沟的企业文化。那就是说，我们的千禧一代员工，教会了我们一些为工作而生活的重要经验。

如何在工作中平衡好岗位与个人事务

我们在办公室中已经采取了一些措施来维持办公场所的专业氛围，同时也解决好了工作与生活的平衡，不论是来自哪一世代的员工。这些做法包括：

1. 我们经常给予员工反馈，以便他们可以朝着自己的职业目标前进。
2. 我们常常订购外卖，让大家吃饭的时候聚在一起，并且提高士气。
3. 我们举办运动挑战赛（或者类似的自我提升的计划）。
4. 我们期望员工能在公司需要他们的时候出现，并且及时完成工作任务。
5. 我们尽可能做到透明，即使在处理那些敏感的财务单据时。
6. 我们将办公室建设成有吸引力的地方，让员工想在其中待下去。

7．我们想办法以一种不太正式的、更加学院式的方式来鼓励员工相互接触。

8．我们常常抽出时间让员工围绕全球时事进行讨论。

9．我们在做出重大决策时请求所有员工给予评价。

10．我们制订了一个员工参加慈善捐款的计划。

11．我们每年额外给员工两天带薪假，员工可利用假期为他们热情参与的慈善事业做一些志愿服务。

这些制度中的每一条，都专门用于帮助提升所有员工的幸福感，激发他们参与当地和全球事务的兴趣，支持他们在职业中取得进步。当你把这些制度与一种符合他们偏好的定制的 EG® 方法结合起来时，这便为任何一个世代的人、拥有任何一种剖面图的人提供了可接受的、安全的环境，使他们可以放心地为公司做贡献并追求他们自己的成功。

我们从 EG® 亚太分公司首席执行官特伦斯•奎克和首席运营官黛博拉•邱那里了解到，他们认为，对他们团队中的大多数人来说，办公室就是第二个家，许多人在办公室里度过的时间比在家里更长。出于这一原因，他们努力将办公室打造成一个舒适的地方。

他们发现，工作中另一个极其重要的方面是指导，这将帮助所有人进步。他们没有采用美国的导师 / 学生的模式，而是采用了一个共同进步的流程。

运用EG®进行指导

特伦斯•奎克解释说：

在我们的组织中，我们把指导看成强化企业文化和鼓励能力提升的不可缺少的要素。我们在讨论时以 EG® 剖面图为基础，经常暂停下来观察人们的偏好如何在工作中得到体现，以及这些偏好可以怎样用来助推他们的绩效提升。这种程度的反思有利于在整个公司所有员工中营造一种反馈和持续改进的氛围。指导不仅针对我们领导团队的成员，我们还为公司及所有层级的员工提供指导。例如，我们 EG® 亚太分公司采用了一个叫作“伙伴指导”的流程，这是由我们的同事吴宗森向我们介绍的一种独特方法。

“伙伴指导”这一主题的核心是，相信组织中的任何人都可以指导其他人。这不同于传统的指导形式，在传统的指导中，教练通常由获得专业认证、资历很老或组织外部的人士担任。组织中的每个人来指导其他人，会怎么样?

我们知道，将这种方法融入我们现有的企业文化中，需要花时间和精力，即使我们对学习持很开明的态度。我们结成了指导“对子”，以便定期练习。管理层也有意邀请团队中资历相对较浅的成员担任指导教练，以表明我们要在团队中营造一种开明的指导文化的决心。现在，我不但经常联系一位平时几乎没有机会接触的团队成员，而且还从他那里了解到，我作为一位领导者到底表现如何。

身为领导者，重要的是以正确的心态对待他人的指责，并且诚心诚意欢迎他人的指导。这意味着谦虚谨慎、乐于接受反馈，并且为人真诚。这样做，起初给人的感觉也许很可怕，但它带来的回报一定是值得的。

“伙伴指导”方法除了具有传统指导方法的好处外，还能让团队成员之间增强自我意识，缩短反馈周期。更重要的是，它能促使成员之间建立良好关系和深厚信任，强化了我们使用 EG® 建设的企业文化，即一种包容的、充分利用多样性的文化。不但如此，“伙伴指导”还培育了更强大的归属感，鼓励成员们对团队的结果负起责任。

我们在新加坡的团队采用的模型尤其适合用在千禧一代的员工身上。

它考虑了公平竞争环境，在这种环境下，不论职务高低，任何两个同事之间都可以进行对话。它还持续衡量公司目标的实现情况，以及每名员工为实现某一目标而做出的贡献。

指导和持续不断的反馈是建设卓有成效企业文化的重要方面，使用 EG® 来改造这个流程将极大地提升流程整体的有效性。“伙伴指导”关系的双方在围绕绩效而进行正式的探讨之前，先分享他们自身的 EG® 剖面图，比较两人之间的相同与不同之处。我建议两人有意识地讨论每个人更喜欢以怎样的方式提供和接受反馈，同时探讨那些偏好表明了他们应从哪些方面改进。这个过程还可以通过两人在 EG® 的 App 上联系而得到强化。在这个 App 中，有一些特定的秘诀有助于双方加深理解并提升沟通的有效性。

如果你成功地运用 EG® 改进了你的指导计划，可能会收获如下一些成果：

- 双方相互了解的时间缩短。双方的剖面图及相互之间的交谈，有助于他们之间的联系、接触，以及确定下一步指导步骤。
- 双方能够迅速建立信任。这是因为使用了剖面图后，他们能够更好地读懂对方的话，理解对方的意图。
- 根据每个人的偏好确定行动步骤。

最后，我建议伙伴指导关系的双方经常检查一下，以确保他们的偏好得到了对方最大限度的尊重。运用 EG® 来改造指导计划，是一项有利于改进企业文化的长期任务，参考这些原则，将为你在员工身上的投资带来持久的回报。

反 思

很明显，商界的管理正在转向一种更加开放的形式。公司的价值不再仅仅通过资产负债表反映出来，还更多地从员工的眼中体现出来。在这种趋势下，认为还像以前那样将工作和个人生活分开便能为即将到来的下一代创造有吸引力的求职选择，显然是愚蠢的想法。

营造一种员工为工作而生活的环境，将为你带来竞争优势，确保你将来取得成功。工作不再是你的两段假期之间要慢慢熬完的时间。作为领导者，我们的目标是使工作变得有意义，以便像艾比和肯恩之类的人能够终其一生都充实、快乐地生活。今天，才华出众的员工想从工作中找寻目的感，想与他们的老板产生共鸣，如果他们从我们这里找不到这些，就将去别的公司那里寻找。

执行步骤

1. 尊重不同世代的人：

a. 为你的办公室中出现的关于不同世代的探讨提供平台，以便大家真诚和安全地探讨。

b. 制定一些体现了对每代人的需要给予充分尊重的制度。

2. 提供有意义的指导：与非传统的教练结对。

3. 使用EG®来改变你们之间的交谈。

“第6条原则：让员工为工作而生活，而不是为生活而工作”的模板

工作不只是两次假期之间苦熬的那段时间。

1. 千禧一代可以用来缩小与其他世代鸿沟的问题。
2. 向千禧一代提出的关于他们工作的问题。
3. 每种特质的人最喜欢别人怎样来指导他们。

千禧一代可以用来缩小与其他世代鸿沟的问题

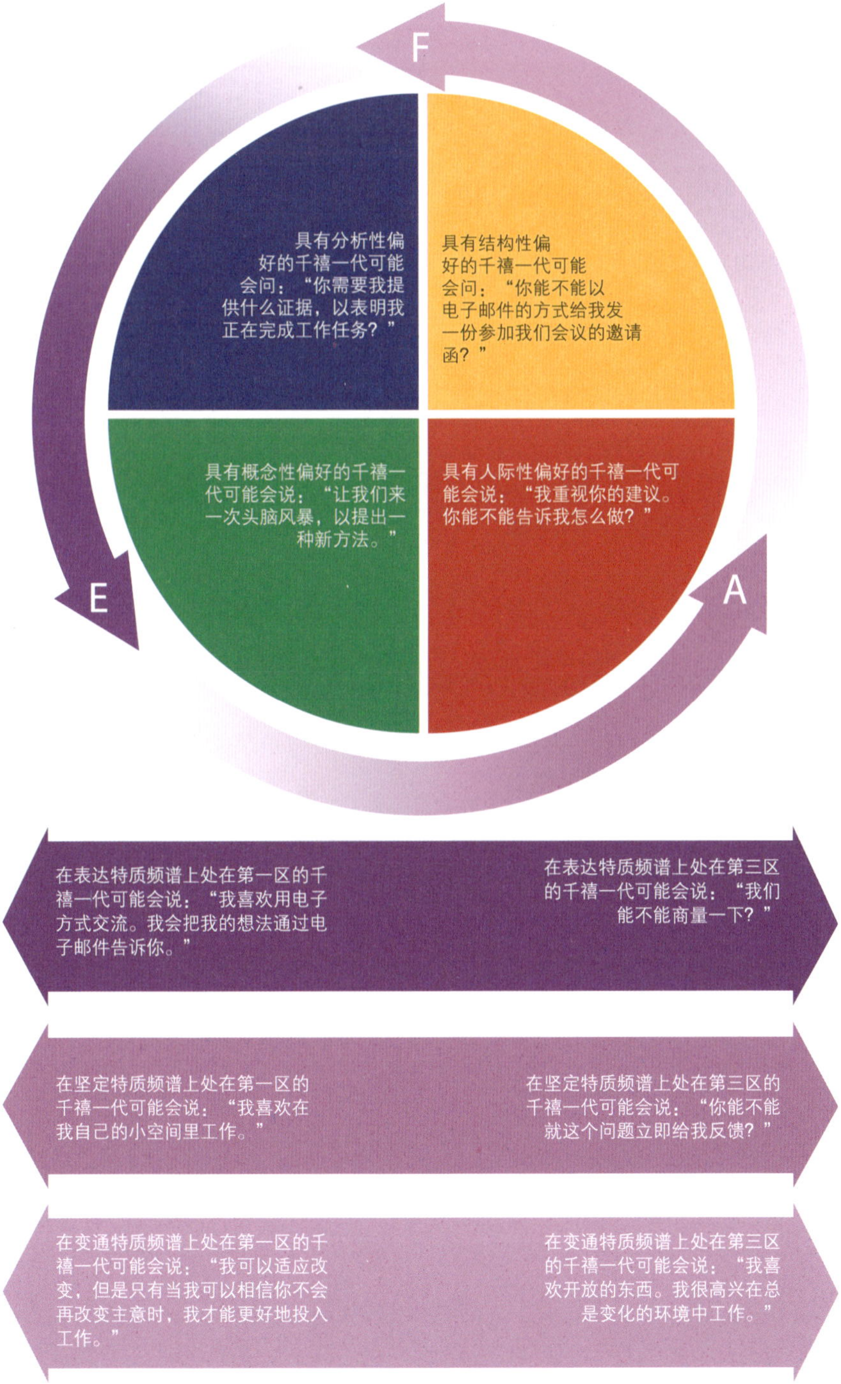

重要提示：这些特质中，没有哪一个是孤立的，而是和其他的特质交织在一起的，以创造WE团队的神奇。

向千禧一代提出的关于他们工作的问题

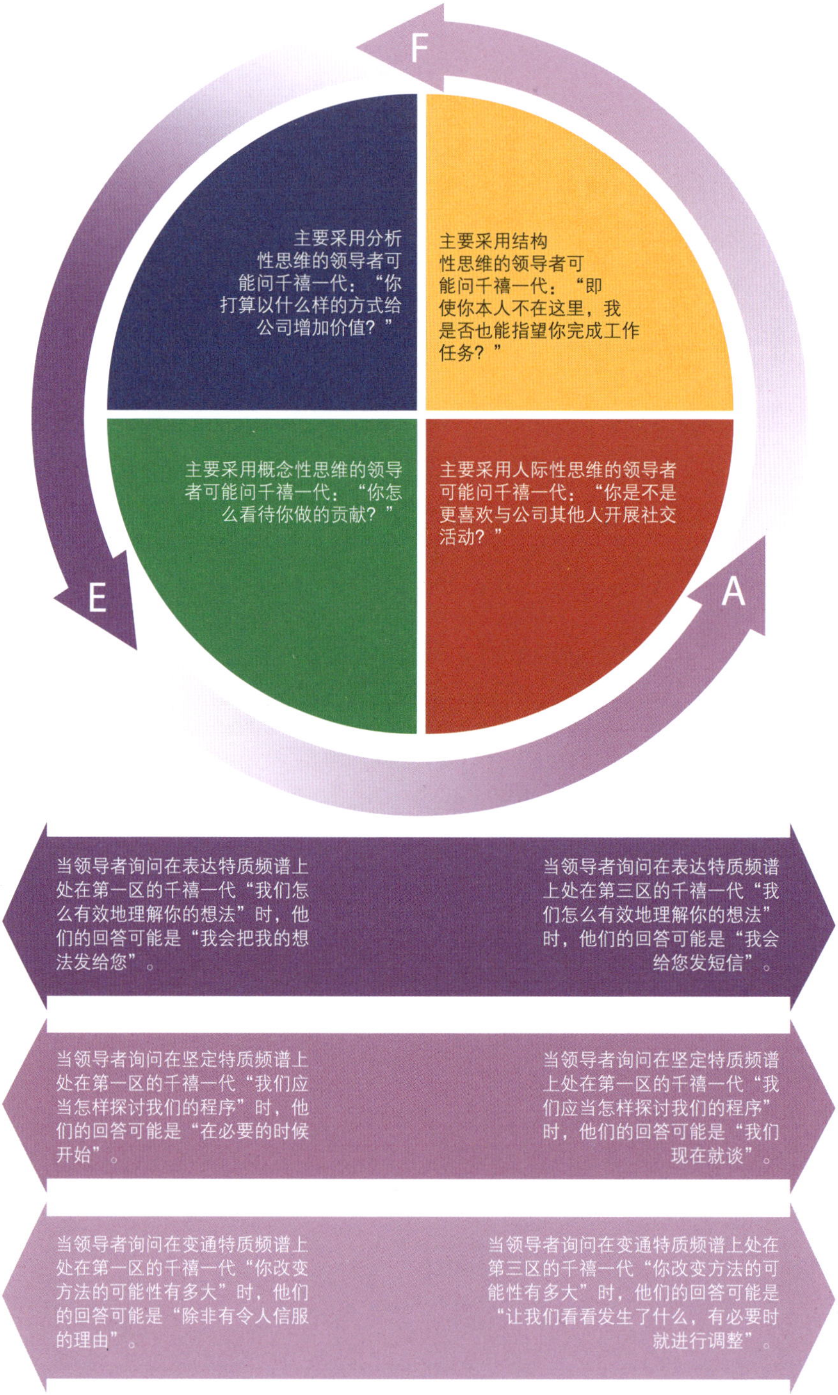

重要提示：这些特质中，没有哪一个是孤立的，而是和其他的特质交织在一起的，以创造WE团队的神奇。

每种特质的人最喜欢别人怎样来指导他们

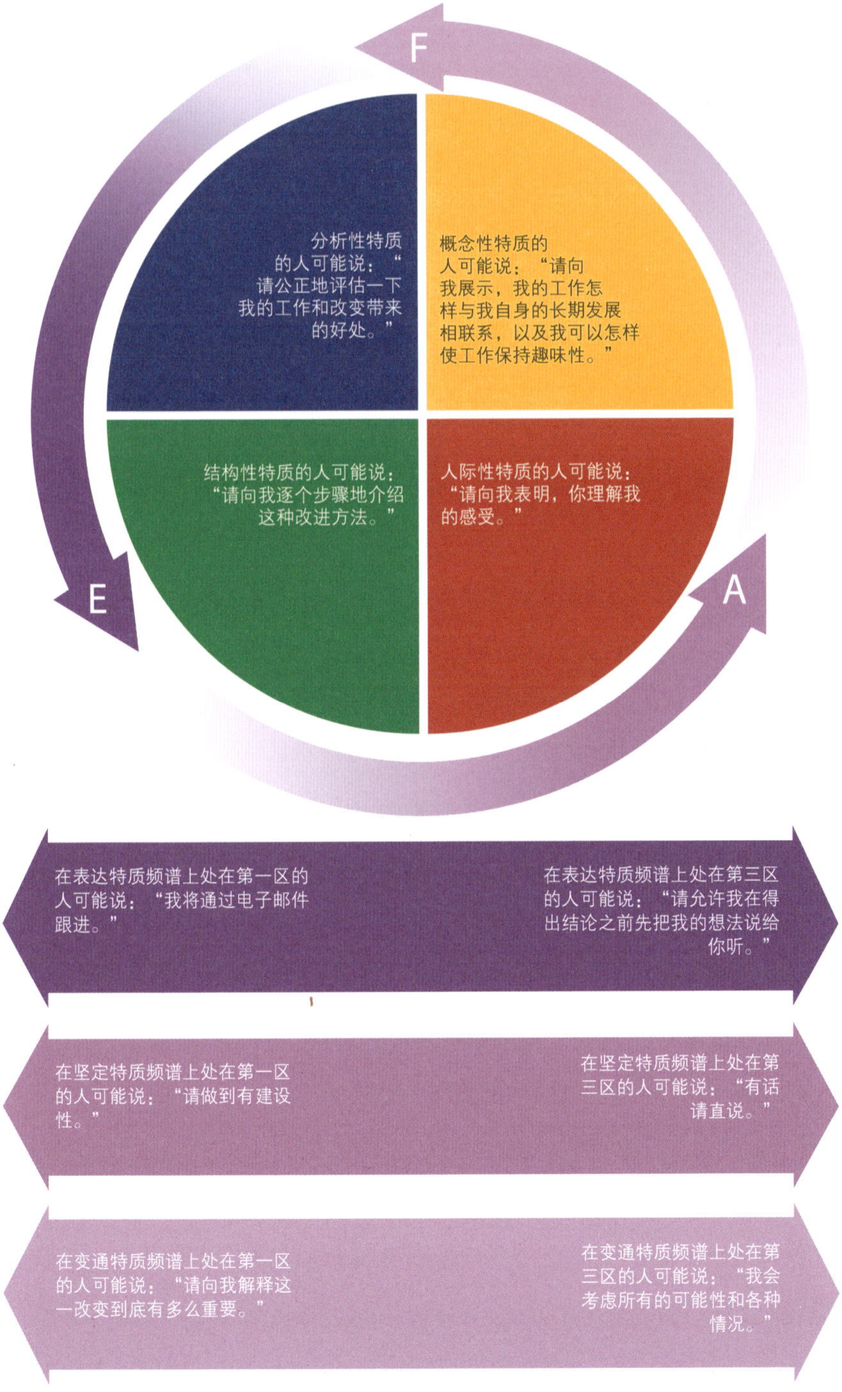

重要提示：这些特质中，没有哪一个是孤立的，而是和其他的特质交织在一起的，以创造WE团队的神奇。

第7条原则

爱

关爱员工，利润自然滚滚而来

让我们首先来说一个人们在公司的走廊里很少说的词："爱"。

看到没？没有什么不好的事发生。

我不是在谈论办公室恋情、对上帝和国家的爱、对家人的爱，甚至你对宠物狗的深情。我指的是领导关爱。

作为领导者，你知道管理那些依赖你、仰慕你的人是什么感觉，何况他们的成功还取决于你。如果你真的不能忍受为你工作的人，那你应当找份新的工作，因为你不可能独自成功。如果没有你的关注和爱，你的组织不会繁荣发展。

我管理着一家成功的企业。我很幸运。我工作很努力。但我不凌驾于员工之上。因为我与他们建立了良好的人际关系，所以他们变得更优秀，我也一样。我们一同成长。我向他们承诺，我对他们会做到坦诚、平和、鼓励、鼓舞和支持。有时候，我们之间也有不快。我可以给他们提出建设性反馈，他们也会适应这些反馈，而我也会变得好受一些，因为我没有对他们撒谎。

我体会过我对员工的领导关爱。我每天看到他们熟悉的脸孔，知道我做得很有分寸。他们也每天看到我，并且对我就是公司这艘大船的舵手感到信心满满。这种职场的爱是相互的，需要培育和珍视，因为它激发了热情，塑造了忠诚，使害怕的情绪烟消云散。如果员工很害怕，他们不可能尽全力去工作。

在 EG® 国际公司，我们研究大脑及其对人们思维与行为方式的影响。但是，我们要用心来做所有的事情。我们可以帮助员工理解他们的工作与个人生活，从而改变他们的人生。我们想到了真诚、沟通、合作、创造、激励、态度、团队合作、信任、解决问题、批判思考……这些都被美国劳工部（United States Department of Labor）列为软技能（Soft Skill）[1]。

由于 EG® 国际公司中工作的特质，我们更容易把爱当成一条原则，因此我问佳斯迈威（Johns Manville）公司的首席执行官玛丽•莱茵哈特，在她的公司中，爱是否也是一条原则。她的第一句话是："爱你的工作，利润就会滚滚而来。"

佳斯迈威总部设在科罗拉多州丹佛市，成立于 1858 年。公司主要生产保温、屋面材料和其他设计产品。公司员工处理的是一些有形的、

1. 软技能实际上是指那些"不易看见的技能"，是一个人"激发自己潜能和通过赢得他人认可和合作放大自己的资源，以获得超越自身独立能力的更大成功的技能"的总和。软技能的能力值越高，处理事情的能力就越强。——译者注

具有确定性和可度量性的材料，具有所谓的硬技能（Hard Skill）[1]。然而，玛丽热爱与佳斯迈威有关的东西。正如兰斯·阿姆斯特朗说的那样："与自行车无关。"玛丽不是爱屋面材料，她热爱的是使公司做成业务，并且亲眼看着公司员工取得成功。

我问玛丽什么是领导关爱，她声明，她"流着佳斯迈威的蓝血"。她全身心投入工作，每天都学习新事物。她的员工与客户都觉得，他们能够看到公司员工在团队中合作，真正地关心客户的事情，而且彼此之间也充满关爱，这是一件令人鼓舞的事。玛丽相信，佳斯迈威"正在使世界变得更成功，因为员工们在建设和改进环境，提高能源利用率"。

玛丽体现出了她的领导关爱，因为她和员工在一起。她刚刚接手首席执行官的职位时，所做的第一件事就是让她的团队一同建立关系。她向大家表明，她珍视认知多样性，同时也设立了期望值。她的员工热烈地谈论她。玛丽认为，佳斯迈威之所以取得成功，是因为她能够全心全意地关心和关注她的公司。

玛丽在员工和客户身上花的时间比一般的首席执行官多，因为她懂得企业文化的重要性。玛丽说，这是她的秘密武器。她为人可信、负责任、公开、透明，而且注重结果。她还把自己的成功归因于渴望学习与进步。

在今天的商业环境中，上述每种品质绝对都是成功的重要因素，称它们为"软技能"，实际上不易察觉地削弱了它们的重要性。软技能有损这些品质的形象，是时候改一改了。

我的第三个儿子摩根和他的未婚妻安妮在筹备婚礼时，我把安妮带到外面吃饭。因为这将是我们家里的第三场婚礼，所以我已经了解了如何使儿媳融入我们的家庭。首先和她吃顿亲密的晚餐，这是一个重

1. 硬技能是指外在的，大家都看得见的，或者容易感受到的一类技能，就好比计算机的硬件。一般包括智力水平、专业知识、逻辑分析能力、解决复杂问题能力及计划、管理、协同等管理技术等。——译者注

要的开始！我们刚坐下来打开话匣子，安妮便问我，以前我是怎么欢迎家庭的新成员的。我停顿了一下，说："你知道，这不是一下子就做好的事。你和摩根结婚的那一天，我感觉我会对你们的关系给予充分的肯定，说一句'好'，但在我们相互认识的过程中，我已经说了很多句'好'。以后等你们结婚、生小孩、庆祝节日、度假，甚至出现争执，我们的关系会进一步深化，我还会继续说'好'。正是通过这些经常性的、持续不断的肯定，爱就萌生了。"

我最喜欢把爱比作大写的、发自内心的、真诚的"好"。人们每天都相互说很多句肤浅的"好"。每说一句这种肤浅的"好"，有可能是自私自利，或者转移话题，甚至是一种托词。相反，一句真正的"好"，不论是对个人，还是对组织，都需要互惠、互利，以及相互之间深深地影响。从根本上讲，爱是深化我们与自己、他人，以及整个世界的一系列的协议。由于我们真诚地说出这些"好"，我们的行为便会促使改变、成长，以及更深入的理解。

我们不会一下子就说"好"，也不是一下子就会"爱"。相反，我们是通过持续不断的、及时的和可信赖的行为，才会建立一种真正的、无私的、恒久的爱。作为领导者，你可以在你所有的行为中示范如何表达爱，你的这些行为不但能深深影响你的直接下属，而且会深刻感召经常和你交往的那些人，从快递小哥到你每天早晨看见的咖啡师。在我们的组织中，当我们聚焦于领导关爱而不是盯紧某个短期目标时，便在建设一种相互尊重的职场文化，树立一种情谊，这比任何一位特定的领导者、任何一个特定的项目，或者任何一次成功的努力都更重要。它会使组织变成那种人们经常说"我喜欢在那儿工作"的组织，而且会在一代又一代的员工中继续传承下去。

不过，建设一种充满爱的文化，不是你一个人就可以做到的。你做的好人好事、你的感恩之情，你和别人温暖地握手，不足以建设一种充满爱的企业文化。这种文化必须以整个工作场所中的所有员工之间共同的行为为基础，从高管到一线员工。组织中的每个层级都需要彻底地、持续地、大声地说出他们的爱，表达他们的善意。

《公司》杂志的执行董事埃里森·法斯指出，21世纪的领导力有7个组成要素，分别是均衡、同理心、真挚、谦逊、包容、易受感染、耐心。所有这些都将助推爱的文化，和专注、感恩及快乐等品质一样。

专注

在当今的职场中，时而分心时而专注已经成为常态而不是例外，到了晚上，我们将这种同样分散的视角带回我们家里。在我们兼顾家庭与工作，并且寻求把它们中的每个都放在合适的位置上时，在工作与生活中保持平衡的感觉，是一个难以把握且不断变化的目标。在EG®国际公司工作的一个好处是我们让员工自己来确定他们工作与生活的平衡。他们自己决定怎样在工作场所现身，以及如何处理家庭事务，我们不要求他们在两者之间确立僵硬的界线。相反，我们要求员工在办公室时就一心一意工作，我们发现，当这里的环境最适合他们时，能够让他们集中精力工作，他们会在完成任务时更加高效、更有成效。当我们让自己完全专注，并且留意每一个需要我们留意的时刻时，我们便会取得更大的成功。

在EG®国际公司，当我们召开每周例会时（我在第2条原则中谈到过），我们会通过定心的练习，使每个人都全神贯注地开会。此外，在我们的办公室中，如果有人需要10分钟时间外出走走，他可以出去。如果两个人需要凑到一起专心聊聊他们的周末计划，他们可以这样做。我们要求员工在工作中也同样专心，而且我们发现，允许员工既重点关注他们自己的个人事务，又聚精会神地投入工作，我们的公司变得更好了。

去年春天发生的一件事情，激励了我写这本书。一位新员工问我，她能不能请一下午假。她在向我请假时显得有些紧张，但她想帮助她儿子准备他的第一场舞会，包括戴好胸花、确保礼服经过适当的修整、拍照等。在我们这里，一位新员工请半天假不是什么大不了的事情，但在她那里，作为一位母亲，她能有几次这样的机会帮助儿子举办舞会呢？当她知道我们的团队非常理解她的生活及她个人的事务时，感到很惊讶。

我们留意到，办公室里的每个人在公司里是我们的同事，但走出公司他或她的身份还有女儿、儿子、哥哥或弟弟、姐姐或妹妹、母亲、父亲、志愿者、狂热粉丝，诸如此类。这个列表还很长。如果我们自以为某个人只属于我们，那我们就变得自私，只会伤害到我们自己。因此，为了关注每个人的生活，我们给他们提供足够的空间和信任，使他们能够请几小时假外出跑腿或照看生病的父母。当我们信任员工时，每位员工开始更加留意他们要拿什么来回馈公司。此外，每位员工都知道，如果他们离开了，某位同事便会顶替他的岗位，反过来也一样。我们坚持这种灵活的请假制度 25 年了，我可以肯定地讲，没有人滥用过这种制度。

感恩

这项品质只有当我们首先熟练掌握了，才能发挥作用。真正的感恩不可能从混乱与伪善中产生。它一定是在感同身受和理解之后才产生的。当我们重点关注我们真正感激的事情时，我们的视角就会转移到机会与希望之上。于是，爱就自然而然地产生了！怀着感恩的心来交流，会唤起内心的谦卑，因为我们会清楚地表达其他人或组织是怎样一直影响和改变着我们的。说出我们感激的事情，会让我们不易察觉地变得容易被感动，因为我们向自己的同事们承认，我们不是冷漠无情的，不是居住在遥远的星球。当我们说“谢谢你”时，便会让自己对爱保持开放，随时准备接受爱；而当某个人并没有预料到他会得到任何特别的认可时，我们对他表达的谢意可以发挥一千倍的作用。

现在你可能在想：“当我忙于某件特别重要的事时，我怎么挤时间写一封信以示感谢呢？”首先，你不必写一篇散文出来。看一看本条原则对应的模板，了解怎样用 10 个或 10 个以内的单词来感谢他人。用你的员工的剖面图作为指南。感谢信必须真诚，并且要直接指出每个人珍视的东西。例如，对具有**人际性**思维偏好的人来说，说一句“你干得很漂亮”就足够了，但对于**结构性**思维偏好的人来说，除非你再补充一下他们完成了哪件特殊的任务，否则他们觉得你这句话不真诚。

说到问候语，具有**分析性**和**结构性**思维偏好的人通常在交流中更加正式，更喜欢“亲爱的安妮”之类的问候语。直呼其名的非正式问候语，如“你好，迈克”，可能适合具有**人际性**思维偏好的人。具有**概念性**思维偏好的人根本不需要称呼他们的名字。如果你以“问候”开头，就不会伤害对方的感情。

我喜欢把感谢信写得稍稍长一些，并联系每个人的剖面图来提出接下来的步骤。例如，对于积极进取的员工（在三种行为特质频谱上都处在第三区的员工），你可以说：“现在是时候开始行动了！下周一的邦戈客户会议上见。”对于更加坚忍克己的员工（在三种行为特质频谱上都处在第一区的员工），你可以说：“我对现在的进展感到十分兴奋。在你的帮助下，周一的邦戈客户会议将大获成功！”

在**表达特质**频谱上处在第一区的领导者还可以做些别的事情来营造感恩的氛围。当你觉得不容易把话说出来时，可以直接进行实践，并且留出空间来分享那些迎合每位员工偏好的观念、想法和感觉。例如，在我们的新加坡分公司，他们找来一块白板，将写给团队成员的感谢信和鼓励信贴在上头。他们还允许员工在一年两次的静修活动上交换感恩卡片。团队成员把他们的想法和感觉写在纸上并相互分享。正是这些时刻提醒了每名员工自己对团队中的其他人有多么重要。他们用这些感谢信和鼓励的话赋予对方力量，这为大家所做的工作又增添了几分意义。

在丹佛分公司，我们设置了一个感恩瓶。只要员工想给别人写一封感谢信，可以把信放进瓶子里。每过一周，我们打开瓶子，取出感谢信，并且大声读出来。被感谢信提到的人往往既惊讶又高兴，团队中的其他人也为他们感到高兴。

有些**分析性**思维偏好者认为，人们应当漂亮地完成工作任务，因为他们已经从公司拿到了工资。对于这类思维偏好者，要牢牢记住的是，人们感谢别人也有其自私的一面。当你认可他人的贡献时，也就强化了你想再次看到的那种行为。当人们的努力被你注意到时，他们知道他们的工作成果是有意义的，将来就更有可能花更多时间去做这些。此外，大多数的企业文化太没有人情味，如果你对员工和善一些，员工才更有可能留在你的公司。最后，感谢他人也会让你自己感觉更好。

关注你的员工，关心他们在做什么，了解他们是什么样的人。相信他们，并且为你在他们身上发现的优势而感谢他们。和他们谈一谈，去了解他们正在哪个方面取得进步，并且尊重他们的选择。作为领导者，要经常在你的公司中“练习”感恩，然后你就会发现，公司里爱的文化氛围将渐渐浓厚起来。

快乐

我们在 EG® 国际公司中开会，与会人员在大厅里大笑，兴奋地谈论事情，是很常见的。而且这种笑不是普通公司里普通同事之间的那种礼貌的微笑。这是一种对生活狂热的、孩童般的热情！我们经常用善意的玩笑来嘲笑自己，并且寻找各种机会来公开讲有趣的故事，分享让我们的生活增色的事情。我们会跳舞，播放音乐，享受在工作场所建立社区的乐趣。甚至在我们公司刚刚成立时，每举办一场 EG® 研讨会我们首先会进行一些大脑有氧运动。我们开怀大笑，笑我们自己对外界的看法是多么的荒谬。当你把生活看淡一些时，便可以在我们这个趣味盎然和变化日新月异的世界里找到更多乐趣（以及更多有意义的联系）。

没有悲伤，快乐就不存在，因此我们也会一同哭泣。我们不可能对生活中遇到的痛苦与悲伤免疫，因此我们也分担悲伤，并且和别人保持距离。当艰难的局面出现时，我们不会匆忙地提出建议和快速解决方案，而是在我们的个人和集体挑战中坚持到底。

由于我们如此充分地拥抱生活，快乐一次又一次地找到我们。而爱的文化就是快乐的文化。

凯莉在我们位于丹佛的分公司中主管 ESP。她是个聪明而值得珍惜的队友，在我们公司是一位高级领导者。凯莉发现自己得了一种罕见的癌症，因此开始接受化疗，并继续在我们的办公室中和大家分享她的抗癌经历与故事。对此时的凯莉来说，生活显得格外不公平，我们对她所经历的痛苦表示同情。

凯莉化疗结束后，和几位同事提议举办一场派对，给她的痛苦经历增加些快乐。她后来这样反思这场派对："说实话，面对这样一场令人惊讶的化疗派对，我不知道怎么表达我对大家的感谢！人们的每次微笑和每个拥抱（无论是对我的，还是我们所有朋友们之间的）都让我心花怒放！我们度过了一个美妙而混乱的夜晚，回忆化疗的时刻、玩游戏、制作浅黄色的"化疗"饮料、和小狗一块玩，乐享每个人带来的美食，并且人人都开怀大笑……这场化疗派对正是我需要的。它从所有柠檬中制作出了最美味的柠檬水。”

快乐是行动。当我们选择在这个世界上快乐地生活，并且对生活中的善意说“好”时，爱就随之而至。在办公室，我们经常庆祝，而且庆祝一些对某些人来说无关紧要但对我们来说意义深远的事情。我们庆祝一路上取得的里程碑式的成就，无论这些成就是组织的哪个部门取得的。在组织中，庆祝销量增长是常见做法，虽然我们 EG® 国际公司一定会庆祝销售业绩增长，但还会在组织的所有部门中主动寻求快乐，不论它们最初源自什么地方。

在 EG® 国际公司，我们定期轮换实习生。尽管我们很容易将这些关系轻描淡写，认为只是短暂而肤浅的关系，但是我们庆祝这些年轻人渴望用他们聪明的头脑和勤劳的双手帮助我们的机会！今年，我们有位实习生是大学女子篮球队的队员。她的上司莎莉完全支持她，倾听她的想法和建议，对她为组织所做的贡献充满感激，并且找机会庆祝她生活中的高兴事。有一次,这位实习生组织了一场“篮球之夜”活动，邀请办公室的同事去看她比赛，让同事们在赛场边举着一些有趣的标语，为她加油（这也可能让她感到尴尬！）。“篮球之夜”活动让办公室的同事们感受到了极大的快乐，很多人此后经常去买票观看这位实习生的比赛。我想,我们对这位年轻女子的感激之情洋溢在她的生命中，就像它给我们的组织注入了爱和欢乐一样。

当然，快乐不仅仅是举办派对和观看篮球比赛。相反，快乐是在我们人类的经历中找到乐趣。当我们能在微小的时刻找到快乐时，就像阳光透过我们办公室的窗户、在某个项目结束时长舒一口气感叹终于完成的感觉、发现某个复杂问题的正确解决方案，或者接受同事提出的某个深思熟虑的解决方案，那么快乐的感觉会进一步增强和发展。当我们面对工作中的快乐并为它们欢呼时，我们会爱上我们工作的地方、所做的事情，也会爱上每个工作日经常和我们待在一起的人们。

界线与责任

尽管真正的爱是真实的、流动的、无边无际的，但总有某个时候，我们说够了“好”，需要说“不”。即使有一种充满爱的企业文化，企业也必须像企业一样运作，否则它就会解散。快乐能使我们欢欣雀跃，但在一天之中，我们没有足够的时间来关照每个人的疾病、婚姻不幸，父母年迈老去，或者其他让人筋疲力尽的需要。重要的是理解，当爱不再是相互的时，最能表达爱的是说“不”。

懂得什么时候对某个人或某个组织说“不”，源于我们意识到“不”的根源在哪里。是我们自私、害怕、骄傲吗？或者，我们是否真的意识到了我们需要保护和维护公司的价值观、文化和使命？

领导者每天都需要决定对什么事情和什么人说“不”。经常拒绝员工的要求或需求，会有损信任、破坏信誉、加剧僵化。最后，员工不再寻求帮助，或者绕过领导者以组织的方式满足他们的需求。优秀的领导者会经常问自己如何平衡爱与责任之间的关系，不至于让两者相互对立。

EG® 国际公司的核心价值观之一是注重家庭。把我们的话付诸行动是一种挑战。特别是在快速发展的企业中，我们经常纠结于怎样确定我们的价值观，怎样像对待家人一样对待我们的同事、员工、合作伙伴及客户。我们的目标是用白金准则来接近每个人（像人们希望被对待的那样来对待他们），而不是只关注利润或可交付物。我们关心工作时间以外发生的事情。我们对同事们的了解，不是仅限于他们的合同。我们珍视我们走过的商业旅程，知道经济收益会随之而来。

有些时候，为了我们的生意，我们必须把别人当作同事而不是家人。

还有些时候，我们必须保护我们的文化、产品或价值观。关系在这个过程中可能变得紧张或被断绝。我们在这些艰难的交互中取得进展并找到解决办法。我们把艰难的问责决定与爱的行为之间的平衡视为一种管理的极性，而不是在一端或另一端上画出的一条实线。我们不像一个钟摆那样从一个极端摆到另一个极端，而是继续运用自我意识和全公司人的认知，以便弄清楚我们什么时候需要转到一个方向或另一个方向。

有责任的爱首先是讲求实效地考虑“是”或“不是”。预算请求是否合乎道德？参加某次会议的请求，是不是与我的日程安排相一致？不过，我们的专注、感激和欢乐提供了另一种方式来考虑如何在组织中实现可信赖的爱。

当我们没有脱口而出说“是”或“不是”时，那么什么才是最能表达爱的？预算请求有没有助推专注、快乐和感恩？再举行一次会议怎么样？运用其他的资源又如何？根据一种爱的文化来衡量决策，为责任感提供了一个不同的视角。

最艰难的问责时刻是解聘员工的时候。对所有领导者来说，要考虑让某人离开的决策到底是不是公平合理，总是一种挣扎。从表面上看，当被解雇的员工表现出一些明显的迹象时，如业绩不合格、工作不能胜任，或者践踏了道德底线，那么这类决策来得快得多。当解雇的理由更加模糊不清，或者当被解雇的人在办公室中招人喜欢和受人欢迎时，可能更难以很快做出决定。

在负责任的爱中，做出解雇决策的一种方法是提一些艰难的问题：这个人专注吗？他有没有将感恩之心带到工作场所中？他在工作中营造快乐氛围吗？如果这些问题的答案有一个是“否”，也许是时候考虑从文化是否相融的角度来思考，而不再从能力是否胜任的角度来考虑。

爱是一个动词

我丝毫不怀疑，人们一直在思考永恒的爱。对爱的定义，我听过的一种是：爱是关心他人胜过关心自己。这种爱的表现形式各不相同，小到一些小动作，如在杯子里放一朵花当礼物；大到惊天动地的舍身拯救，如母亲在呼啸而来的汽车轧向自己的孩子时，舍身把孩子推开，自己却被撞倒。爱不但是你能感觉到的东西，也是你正在做的事情。身为领导者，如果你把这本书中提到的所有建议都付诸行动，这不但会极大地改变员工的生活，而且也将改变你自己。作为一种额外的“奖励”，你的公司的氛围会变得更有活力，更加积极，更有成效，因为你不会再感到如履薄冰了。

反　思

让我们再回到前面的内容：对员工说“好”，培育硬技能和软技能，并且爱你的员工。尽管组织中每个人都有着不同的职责和薪水，但你们好比搭乘同一列火车，每个人的努力都将帮助其他所有人。鼓励你的员工。向他们说明，你将如何衡量他们是不是实现了目标，并且在他们追求成功的过程中需要一些资源与工具时，提供给他们。但最重要的是活出自我、专注当前、表达感激并体验快乐。只能靠你自己去了解你自己是谁,别无他法。否则就是缺乏真诚。当你在做对的事情时，生活的质量就提高了，工作也将与生活同步提升。

执行步骤

1. 做到有自我意识、真诚、能接受批评，并且自己感到舒适自在。

2. 到大厅里走一走。不带戒备心理或愤怒情绪地开展沟通。清楚地回答问题。在和别人讲话时，完全沉浸在其中。

3. 想一想每位员工喜欢做什么、擅长做什么。找出打扫你办公室卫生的人的名字。

“第7条原则：爱”的模板

1. 如何用不到10个单词来感谢某个人？
   说谢谢你。

2. 建立信任的方法。
   你可以做些什么来与不同特质的人建立信任？

3. 对每种特质的人来说，爱意味着什么？
   爱是一件很美好的事。

如何用不到10个单词来感谢某个人？

说谢谢你。

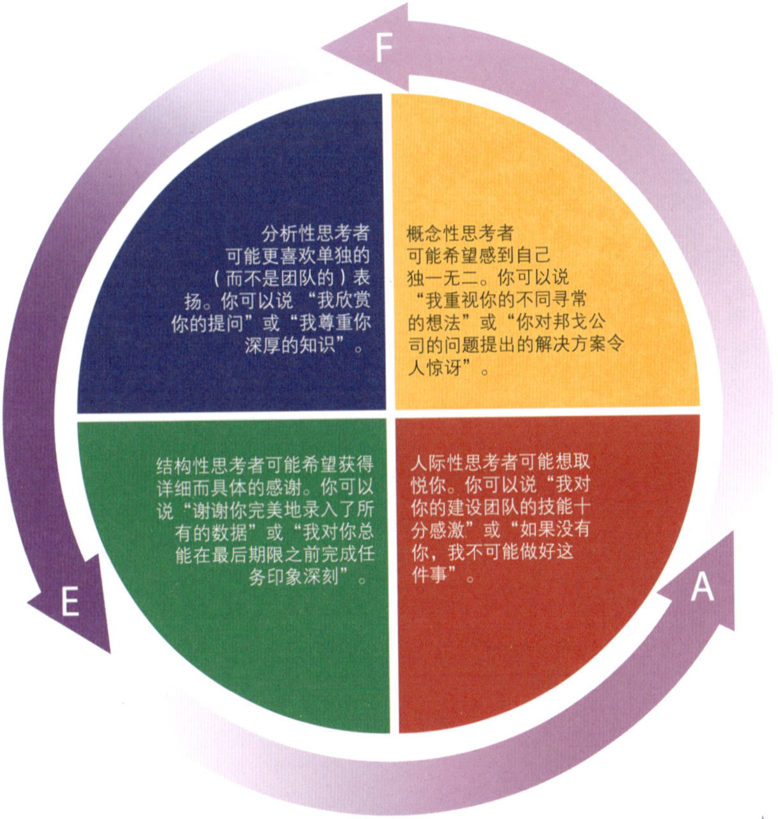

在表达特质频谱上处在第一区的人可能希望你给他们发一封电子邮件。你可以这样写“谢谢你提出的深思熟虑的解决方案”或“我珍视你对每个人的尊重态度”。

在表达特质频谱上处在第三区的人可能渴望得到公开表扬。你可以说“谢谢你保持沟通的渠道畅通”或“我很欣赏你分享的热情”。

在坚定特质频谱上处在第一区的人可能希望每个人都能和睦相处。你可以说“感谢你帮助维护和谐”或“我比你了解的更加珍视你的友好”。

在坚定特质频谱上处在第三区的人可能会感谢你的及时回应。你可以说“谢谢你继续保持前进的势头”或“我欣赏你果断的行动”。

在变通特质频谱上处在第一区的人可能有着强烈的主张。你可以说“我有赖于你的支持”或“我珍视你的信念”。

在变通特质频谱上处在第三区的人可能不容易紧张。你可以说“我意识到你的适应能力很强”或“我欣赏你能够从容应对”。

重要提示：这些特质中，没有哪一个是孤立的，而是和其他的特质交织在一起的，以创造WE团队的神奇。

建立信任的方法

你可以做些什么来与不同特质的人建立信任?

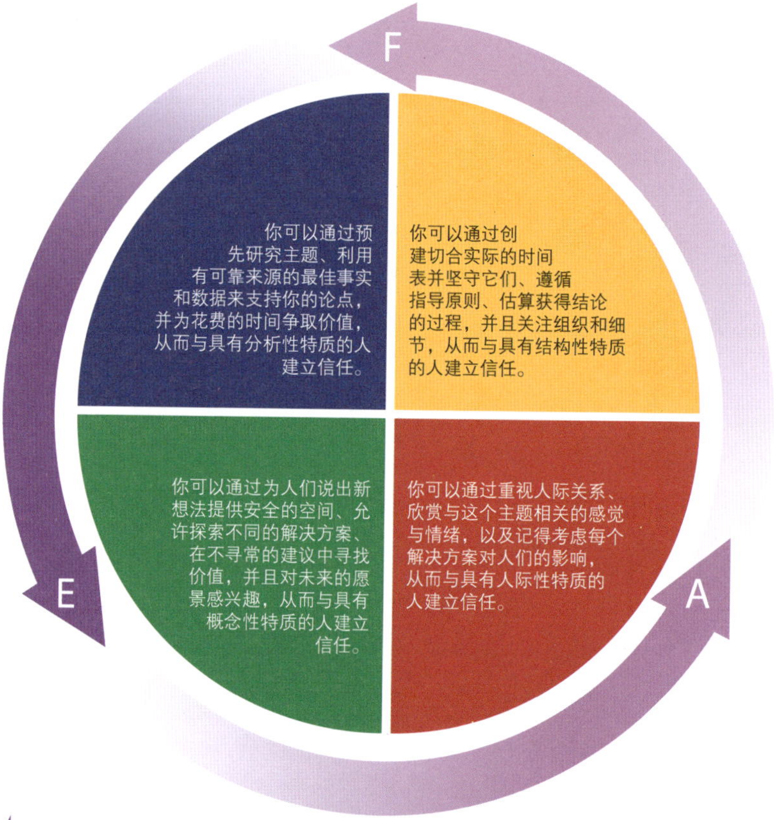

对于在表达特质频谱上处在第一区的人，你可以通过专心地倾听、给他们时间和空间去思考，并且提供书面的细节等方式与他们建立信任。

对于在表达特质频谱上处在第三区的人，你可以通过说出你的想法、让他们与你交谈并给予口头确认等方式与他们建立信任。

对于在坚定特质频谱上处在第一区的人，你可以通过让他们以友好的方式一起工作、建立共识、平静地调解冲突等方式与他们建立信任。

对于在坚定特质频谱上处在第三区的人，你可以通过直接说出你的回复、不把事情放在心上、让他们自己表达观点等方式与他们建立信任。

对于在变通特质频谱上处在第一区的人，你可以通过解释每个变化的原因、照你所说的去做，并且依靠自己来坚持自己的决定等方式与他们建立信任。

对于在变通特质频谱上处在第三区的人，你可以通过对新想法持包容和开放态度、赞赏他们愿意容忍变化和干扰的意愿等方式与他们建立信任。

重要提示：这些特质中，没有哪一个是孤立的，而是和其他的特质A交织在一起的，以创造WE团队的神奇。

对每种特质的人来说，爱意味着什么？

爱是一件很美好的事。

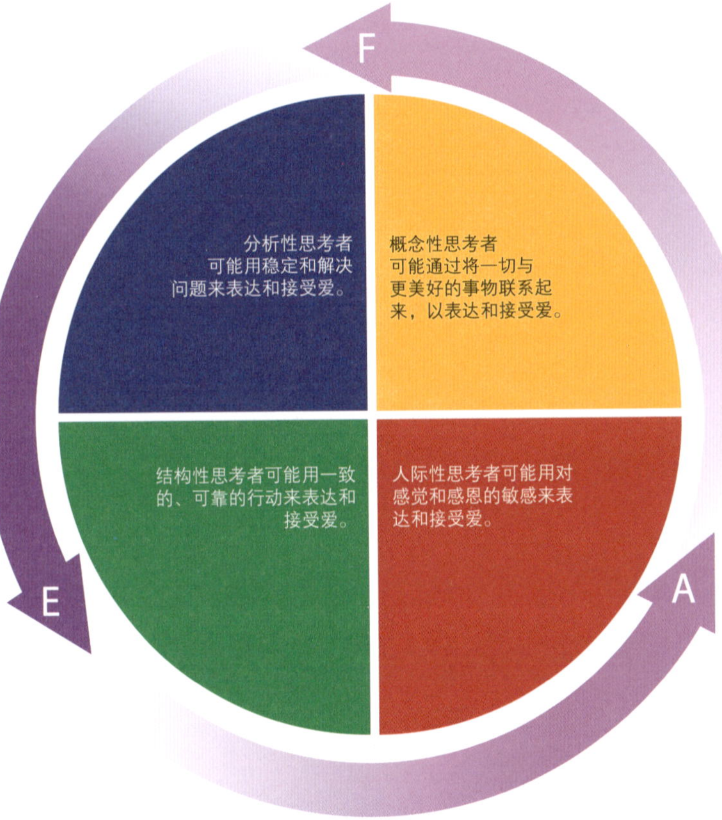

在表达特质频谱上处在第一区的人可能用温柔、和蔼的话语来表达和接受爱。

在表达特质频谱上处在第三区的人可能用感情和热情的话语来表达和接受爱。

在坚定特质频谱上处在第一区的人可能用耐心来表达和接受爱。

在坚定特质频谱上处在第三区的人可能通过让事情发生来表现和接受爱。

在变通特质频谱上处在第一区的人可能通过给予某人所有的关注和关心来表达和接受爱。

在变通特质频谱上处在第三区的人可能通过满足他人的要求和需要来表现和接受爱。

重要提示：这些特质中，没有哪一个是孤立的，而是和其他的特质交织在一起的，以创造WE团队的神奇。

结语与致谢

我在写结语的时候意识到，这本书不但描写了如何运用 EG® 方法，而且它也是将这种方法付诸实践的一个真实例子。在我们的办公室中，运用 EG® 方法已经成为一种习惯，我们会下意识地把它运用到我们做的每件事情中去。本书的各章都介绍了一条需要牢记在心的原则，而在我们的办公室里每条原则都随处可见，因为我们的 WE 团队在狂热地工作（参见本书的第 4 条原则）。以下介绍我如何召集我们在丹佛的员工协助制定出这本书的大纲。

首先，我占用他们一个半小时时间，把他们召集起来。我们围绕在办公室中发生的所有我们重视的事情开展头脑风暴。人人都有机会补充他们的观点。人人手里都拿一本便利贴，把听到的东西写下来，一次写一张便条，把在办公室内可行的各种方法全都写下来。最后，我们收集到了 200 多张便条！

然后，三个人把所有便条收集到一起，并将它们分组，最终形成了 7 条原则。最有意思的是关于爱的原则的讨论。有些人认为，这对一本商业书籍来说过于情感化了，但另一些人争辩说，这正是我们在办公室中经常体会到的。最后我们一致认为，不管爱这个话题看起来有多么情感化，它的确是工作中的一个基本方面。

接下来，我组建了 WE 团队，并向每个团队出示 7 条原则中的一条，给他们一小时时间为这条原则设计大纲，包括描述该原则的一个段落、与之相伴的一个故事、投资回报、三个执行步骤，以及一个建议的模板。

第二天，我们再花一小时时间由每个团队围绕他们的原则进行演示，并请求他们提供反馈。大功告成！在两个半小时的时间里，这本书的开头部分变得生动鲜活起来。

参与了头脑风暴的员工有凯瑞 • 安德森、莎瑞 • 碧斯波尔、琳达 • 邦特拉杰、莎娜 • 博斯勒、摩根 • 布朗宁、梅根 • 布什、凯莉 • 卡罗尔、朱莉 • 克鲁基斯等。

后来，我们请亚太地区分公司和欧洲、中东与非洲分公司的员工们补充他们的想法，这些员工有黛博拉 • 邱、阿什利 • 德弗斯、辛妮 • 德芙琳、弗兰克 • 戴蒙德、切尔西 • 狄龙、贾斯汀 • 科赫等。

但让我充满感激的不只是这些“家庭成员”，还包括下面的这些伙伴。

我的同事、朋友和聪明的行业心理学家温德尔 • 威廉姆斯博士。

克里斯 • 科克斯、斯科特 • G. 哈尔福德、马蒂 • 拉尔森、哈罗德 • 叙尔，他们是我的第一批同事。

神经病理学家、医学博士玛丽 • 凯斯则使我们不断掌握最新的神经病学研究。

EG® 亚太地区的发起人、企业家约什 • 泰奥。

我们的顾问委员会成员，包括阿米斯特德 • 布朗宁、罗伯 • 卡西利亚、安迪 • 克拉普斯基、安妮特 • 昆廷娜、史蒂夫 • 尤肯等，使我们保持在正轨上。

全球合作伙伴：史蒂夫 • 宾利、杰奥尔杰塔 • 登德里诺、巴西姆 • 伊马德、费鲁乔 • 费奥迪斯比尼、萨尔瓦多 • 加尔萨等。

我们的导师助手：莎娜 • 博斯勒、丽塔 • 鲍温斯、凯莉 • 卡罗尔、克里斯 • 科克斯、阿莉莎 • 埃文斯、费鲁乔 • 费奥迪斯比尼、凯利 • 富勒顿、萨尔瓦多 • 加尔萨等。

以及使用他们的名字和趣闻轶事来阐述这些原则的同事、客户和员工。

还有来自许多组织和各个国家的客户，他们将我们引入他们的公司，以便对公司进行 EG® 改造。我们享受为他们提供服务，在我们向他们传授经验的时候，也从他们那里学到了许多宝贵经验。

最重要的是：

内莉•萨宾这位才华出众的编辑，也是我的女神、朋友和智慧向导，一直在不知疲倦地工作着。如果没有她，这本书不可能问世。

汤姆•菲什伯恩这位聪明的营销专家，我自豪地把他称为我的侄子。

特别贡献者是凯瑞•安德森、安妮•兰格切尔•布朗宁、黛博拉•邱、玛丽•库克、乔安妮•列克莱尔、凯蒂•林道尔、约翰•内尔森、艾琳•皮尔布姆、梅丽莎•蕾丝、沙隆•泰勒、凯利•万德帕尔。

丹尼斯•马西尔和安妮•玛丽•奥法雷尔这两位代理人坚定地相信我们的作品并不断激励我们向前迈进。

珍妮安•雷伊鼓励我们与富有创意的 Wiley 出版社的团队合作，这家出版社拥有泰莎•艾伦和彼得•诺克斯等睿智的员工。

以下这些人给我的生活带来了特别的快乐，他们是里贝卡、安妮、凯伦、约翰•阿米斯特德、威利斯、霍尔登、艾米莉、南森、刘易斯、鲁宾、埃米特、雷克西等。

看着由这些令我印象深刻的人们组成的让我铭记在心的名单，我再次想起，我们都是紧密相连的，我们集体的力量胜过部分的力量。我衷心希望你们将运用 EG® 方法，使自己变得感恩和谦卑。这就是你们在读这本书时，我对你们心怀的愿景。

附录

快速判断自己思维偏好和行为特质的方法

选出下面所有能贴切描述你的词语。可以选一个，也可以选很多个。那些词语，必须能准确区分出你的偏好，而不一定是你的技能或别人对你的评价。如果，你在某一个区域，选择了较多的词语，这表明你有相应区域的行为偏好。如果你在衡量范围左侧（第一区）选出的词语与从右侧（第三区）选出的词语一样多，那么你可能属于中间的“适应型”类型。

分析性	概念性
理性 理智 智慧 客观 合乎逻辑地思考 追根究底 批判性思考者 喜欢探究 富有探索精神	有创意 重视创造性 创新 想象力丰富 对创意有敏锐的悟性 全局考量 有革新意识 喜欢突破 容易厌倦
结构性	**人际性**
重视细节 遵守纪律 注重方法 遵重规则 遵循程序 有条不紊 传统 思路清晰 务实	敏感 奉献 友爱 在意他人 依靠直觉 有激情 关心他人 有同理心 感情丰富

特质	1/3		适应型		3/3
表达特质	安静 有所保留 一对一互动 喜欢安全 不愿说出自己感受	独处 镇定 避免成为焦点 内向 喜欢清静	适应型	健谈 喜欢表现 活泼 外向	爱交际 开朗 喜欢被关注 愿意跟陌生人交谈 喜欢人多的环境
坚定特质	顺从 平和 避免争执 息事宁人 成功并不是一切	易相处 深思熟虑 被动 亲切	适应型	坚定 说服力强 有冲劲儿 有力论证	果断 有竞争意识 志在必得 推动 随时准备好行动
变通特质	专注 坚定 黑白分明 目标明确 喜欢明确的条件	坚持己见 不喜欢改变 当机立断 不够耐心	适应型	亲切 友善 和蔼可亲 可适应	肯通融的 欢迎变化 乐于助人 能够处理不明确的局面 能接受不同观点

剖面图的发展历程

思考片刻，把理论中的表达特质频段想象成拥有 100 个不同的设定值，或者 100 个百分位数，以描述世界上所有不同人们洋溢的热情。现在，想象着你在为坚定特质和变通特质的频段添加百分位数时，也可以做出各种不同的排列组合。此时此刻，你的大脑应该“ 要爆炸了 ”，但还没有完。再把四种思维特质的不同等级全部添加进来，到最后你会发现，众多思维特质与行为特质的结合方式之多，到了你无法想象的地步。这就是 EG® 的美妙之处：它提供了一种独一无二的方法来描述每个人。

眼下，让我们暂时简化这一概念，只处理思维偏好。每个人至少有一种思维偏好。我们先不管行为特质，因为把它们考虑进来的话，一下子就变得让人难以应对了。

思维偏好可以用15种不同的方式组合和重新组合，首先是只有一种思维偏好的人，最后是具有四种思维偏好的人。剖面图的发展历程对这15种类型的思维方式都列举了例子。在这里，我们随机挑选人们的行为偏好，以便你能理解思维与行为在现实中是如何始终联系在一起的。

单元剖面图

这些剖面图的类型在我们的数据库中十分罕见——这四种不同的思维类型约占人口总数的10%。这些思维偏好很容易预测，因为他们自己思考的主要精力仅仅来源于一种偏好。在这些例子中，每个人都将根据他们的思维偏好采取不同的行动。

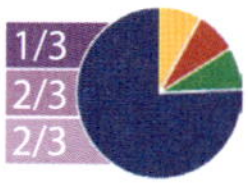

罗杰・麦克唐纳

罗杰生性多疑，在情绪高涨的时候可能需要更加理性。罗杰的特质写照是：“我们只相信上帝，其他所有人都必须带着数据，才能让我们相信。”虽然罗杰很安静，但这也取决于当时的局面，他可能展示自己的坚定特质与变通特质。（约占人口总数的1%）

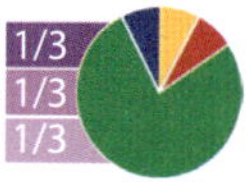

彼得・爱德华兹

彼得的聪明可能体现在过程、战术与运营之中。罗杰的特质写照是：“我当然看起来不忙啦，因为我一开始就把事情做对了。”他显得很安静和专注，不会把注意力吸引到他自己身上。（约占人口总数的6%）

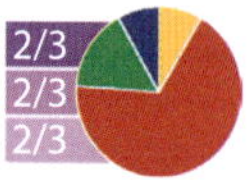

谢丽尔・琼斯

对谢丽尔来讲，他人的感觉至关重要。谢丽尔的特质写照是：“我运用直觉了解我身边的人。”不论是哪种行为特质，都取决于当时的情形，她可以从频谱的第一区摇摆到第三区。（约占人口总数的1%）

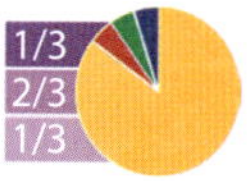

杰夫・斯通

严格地讲，杰夫的点子总是一下子从脑海中蹦出来，而且他总是思考未来。杰夫的特质写照是：“我感觉自己像个外星来客。”他会做出一个决定，然后坚持那个决定。（约占人口总数的2%）

二元剖面图

二元剖面图有六种不同类型。每种类型有两种偏好，它们在决定和驾驭某个人的世界时协同配合。这些是思维定势中最常见的类别，代表了约57%的人口。

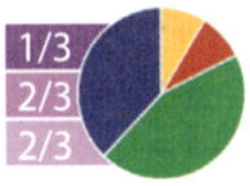

金柏莉・杰克逊

金柏莉是一位收敛思维者，也就是说，她专注于数据和执行任务。金柏莉的特质写照是：“制订并遵守计划。”她更喜欢安静的环境，但同时也取决于当时的局面，她也会展示自己的坚定特质与变通特质。（约占人口总数的13%）

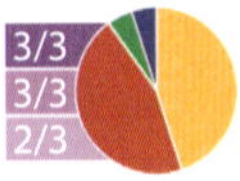

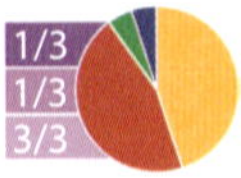

布伦达・罗恩和胡安・加西亚

布伦达和胡安都是发散思维者，也就是说，他们对大局充满热情，并且擅长鼓励人们。布伦达和胡安的特质写照是：“让我们一同创造吧。”布伦达有着干劲儿十足的风格，通常更喜欢顺从大家的意见，而胡安则保守得多，并且更喜欢安静详和的环境。（约占人口总数的 12%）

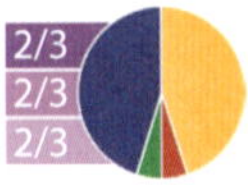

布莱恩・罗宾斯

布莱恩是抽象思维者，在考虑决策时更喜欢从全局出发，并且着眼于了解愿景和高水平的数据/事实。布莱恩的特质写照是：“我看到了森林，希望别人来数一数森林中有多少棵树。”他的行为取决于当时所处的局面。（约占人口总数的13%）

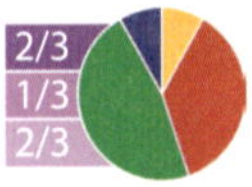

维维安・塔恩

维维安是具体思维者，她想非常清楚地了解你想做什么、和谁做。维维安的特质写照是：“我喜欢和你分享经验，但首先请预约。”她有一种更加喜欢社交的倾向，通常是调解人，能够一下子让几件事情同时发生。（约占人口总数的14%）

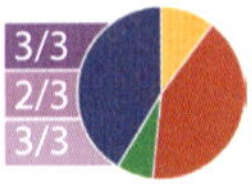

约翰・卡特尔

约翰在和别人合作时可能喜欢解读数据。他基本上是一个健谈的、外向的“信息处理器”，更喜欢平和的环境，而且愿意顺从大家的意见。约翰的特质写照是：“内心温暖，头脑灵通。”（约占人口总数的3%）

简・威廉姆斯

简是有远见的执行者。她的行为方式取决于当时的情形。简的特质写照是：“我将使不可能成为可能。”（约占人口总数的2%）

三元和四元剖面图
有着三种或四种偏好的人往往精力旺盛地推动团队协作，因为他们了解事情的诸多方面。他们还可能在做出决策时受到“自己头脑中的委员会”的挑战（拿不定主意）。约30%的人具有三元或四元剖面图。

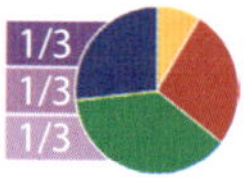

马利克·詹姆斯
马利克是一个更喜欢和他人合作的任务执行者。马利克的特质写照是：“注重效率，感情丰富。”他通常喜欢安静与和善的环境，这样他就可以专心致志地一次性完成某项任务。（约占人口总数的7%）

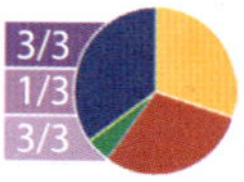

弗雷德·辛普森
弗雷德更喜欢那些战略上与别人一致的点子。弗雷德的特质写照是：“你对这个全球化的点子怎么看？”他基本上是一个健谈的、外向的“信息处理器”，更喜欢平和的环境，而且愿意顺从大家的意见。（约占人口总数的12%）

安吉拉·赫尔南德斯
安吉拉喜欢在任务执行过程中钻研新的想法。安吉拉的特质写照是：“想法为行动服务。”她大体上安静，但在下定决心时既强势又专注。（约占人口总数的5%）

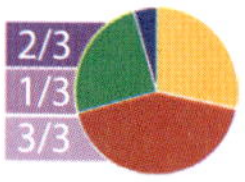

珍妮特·沃克尔
珍妮特是新点子的执行者。珍妮特的特质写照是：“思维需创新，情感要克制。”她基本上是一个健谈的、外向的“信息处理器”，更喜欢平和的环境，而且愿意顺从大家的意见。（约占人口总数的5%）

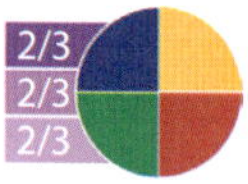

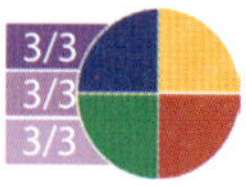

芭芭拉·伯克和大卫·伯克
和具有与他们相同思维偏好的人一样，芭芭拉和大卫往往都积极地参与每个主题的探讨，而且擅长宣传他们的所有观点。芭芭拉和大卫的特质写照是：“公平和均衡。”两人通常都用他/她自己的语言和别人交谈。大卫在行为特质的频谱上往往都处在第三区，因此能够施展更多的精力。如果他们两人一同走进房间，你可能首先注意到大卫。（约占人口总数的1%）

行为特质怎样与思维特质相关联

以金柏莉·杰克逊为例，当我们将每种类型的剖面图与各种不同的行为特质组结合起来考虑时，每个剖面图的细微差别变得明显起来。这里是金柏莉·杰克逊的六个剖面图，她有着收敛（分析性/结构性）思维剖面图，但从她的行为结果来看，我们可以期望她采用不同的方式与他人互动。这种将剖面图类型与不同的行为特质组结合起来的过程，巩固了这样一个前提：思维和行为特质并不一定像人们的刻板印象那样相互匹配。

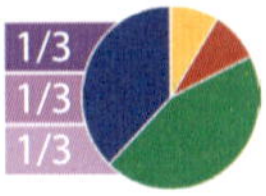

金柏莉·杰克逊
金柏莉是一位收敛性思维者，也就是说，她专注于数据和执行任务。她更喜欢比较安静平和的环境，而且对自己的决定很坚持。

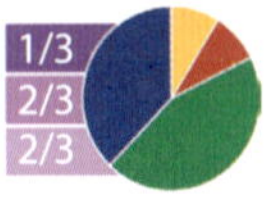

金柏莉·杰克逊
金柏莉是一位收敛性思维者，也就是说，她专注于数据和执行任务。金柏莉的特质写照是："制订并遵守计划。"她更喜欢比较安静平和的环境，但同时也取决于当时的局面。她也会展示自己的坚定特质与变通特质。

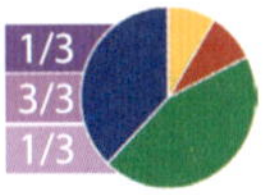

金柏莉·杰克逊
金柏莉是一位收敛性思维者，也就是说，她专注于数据和执行任务。她更喜欢安静的环境，而且只要她已经决定了，便会干劲儿十足地完成任务。

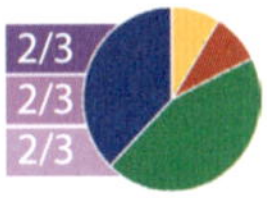

金柏莉·杰克逊
金柏莉是一位收敛性思维者，也就是说，她专注于数据和执行任务。她的行为将取决于当时的局面。

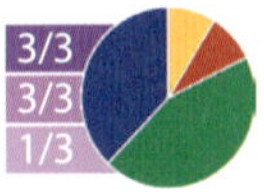

金柏莉·杰克逊
金柏莉是一位收敛性思维者，也就是说，她专注于数据和执行任务。她好比一个外部信息处理器，受到各种创意与计划的驱动。她坚韧和果断，始终把注意力集中在目标上。

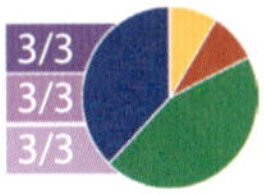

金柏莉·杰克逊
金柏莉是一位收敛性思维者，也就是说，她专注于数据和执行任务。她好比一个外部信息处理器，受到各种创意的驱动，而且如果出现了改变，哪怕是在最后一分钟出现的，她也能很好地应对。

EG®术语表

3-2-1 练习：EG® 国际公司的一种练习，在团队的背景下评审单个剖面图的需求与优势。

抽象性思维：一种更喜欢概念和创意的思维类型。分析性与概念性思维都是抽象性思维。

行为特质：描述你可能以怎样的方式向外人表现自己的 7 种 EG® 特质中的 3 种。它们用百分位数表示，暗示你和所有人相比时对某些行为所投入的热情与精力水平。

表达特质：你参与到周围的人们中的程度。它用一个连续统一体来代表，该连续统一体从安静逐渐过渡到爱交际。

坚定特质：你用来发展思想、感情和信仰的风格与步调。它用一个连续统一体来代表，该连续统一体从平和逐渐过渡到推动。

变通特质：你愿意采纳他人思想、接受他人行为的程度。它用一个连续统一体来代表，该连续统一体从专注逐渐过渡到欢迎变化。

定心：一种在着手执行当前的某项任务之前使用的练习，包括静坐沉思，双脚平放在地面上两分钟。科学实践表明，这种练习可以增强对任务或会议的专注度。

具体性思维：一种更喜欢数据和行动的思维类型。结构性与人际性思维都是具体性思维。

收敛思维：一种更喜欢将事情按实用而合理的顺序排列的思维类型。分析性与结构性思维都是收敛思维。

极重要的、很想要的信息：一些用于使整个群体的总体基调与感觉都受益的概念和做法。

发散思维：一种更喜欢直觉、情绪和非常规的思维类型。概念性与人际性思维都是发散思维。

电子学习：通过电子媒体来实施的模块或研讨会，以便在传统学习背景之外的地方拓展教育的能力，使人们能受到教育。

EG® 剖面图：使用 EG® 调查问卷之后得到的结果，剖面图显示个人的思维偏好与行为特质。

ESP：基于 EG® 理论的心理测试工具，在招聘中使用。

EG® 模板：一份文档，其中的各个模块针对每种思维偏好和行为特质。

EG® 青少年报告：针对 10~18 岁青少年的 EG® 剖面图。

EG® App：一个面向所有具有 EG® 剖面图的人的移动 App。可在安卓手机和苹果手机上下载。

EG® 改造：在组织的各个部门中使用 EG® 工具及理论，以建设积极的和有成效的企业文化。

第一区：分别在三个频谱中处在第一区（第 0~33 个百分位数）的行为特质。

展示：做超出某人的剖面图偏好之外的行为，以增进交流，并且以一种最初可能感觉不自然的方式来处理任务。

意图 / 影响差距：某人希望通过他和别人的交流使对方产生的想法或行为与对方基于那场交流实际上产生的想法或行为之间的差距。有效的沟通以消除这种差距为目的。

适应型：分别在三个频谱中处在第二区的行为特质（从第 34~65 个百分位数）。之所以这么称呼，是因为这些人的行为在很大程度上取决于当时的局面，有可能偏向于频谱的任何一端。

优雅的语言：使用带有正面内涵的词语来有意地开展沟通，确保在交谈时鼓舞人心和富有意义。

领导者：确定愿景并激励他人为实现该愿景而努力的人。所有的 EG® 特质都具有领导品质。

百分比：用来表明思维特质之间的对比。任何一种超过 23% 的思维特质都被认为是一种偏好（参见思维偏好）。

百分位数：用来表明你的思维和行为特质怎样与全球人口进行对比。

饼状图：一张图，其中的 EG® 剖面图将思维特质用百分比来表述。

WE 的力量：通过运用 WE 方法而实现的好处。

反思：在每次会议结束时回顾从这次会议中学到了什么，以及与其他人分享了什么的做法。

刺痛感：当你在自己一般的偏好范围之外或自己接受的文化之外做某些事情时产生的一种不舒服感觉。

STEP：Student/Teacher Emergenetics® Program（学生 / 教师 EG® 项目），由 EG® 的一个独立的分公司运营，该公司着重关注在教育领域运用 EG®。

技术报告：一种对 EG® 剖面图工具的研究与发展进行的统计学分析。该报告遵循 2014 年教育与心理测试的标准。更多详情请登录 www.emergenetics.com。

思维特质：描述人们怎样思考的四种 EG® 特质。

分析性：这种思维特质将理性思考与抽象观念结合起来（蓝色）。

结构性：这种思维特质将连续思考与实用观念结合起来（绿色）。

人际性：这种思维特质在和他人合作 / 完成任务时将理性思考结合起来（红色）。

概念性：这种思维特质将直观思考与抽象观念结合起来（黄色）。

思维偏好：在剖面图的饼状图上大于或等于 23% 的思维特质。

单元：在任何单一思维特质中具有偏好（在饼状图上大于或等于 23%）的剖面图。

二元：在任何两种思维特质中具有偏好（在饼状图上大于或等于 23%）的剖面图。

三元：在任何三种思维特质中具有偏好（在饼状图上大于或等于 23%）的剖面图。

四元：在四种思维特质中均具有偏好（在饼状图上大于或等于 23%）的剖面图。

多元：属于二元、三元或四元的剖面图。

第三区：分别在三个频谱中处在第三区（第 66~100 个百分位数）的行为特质。

WE 方法：通过运用 WE 理论来完成任务。

逐一列举法：一种在围绕某个项目或某项任务开展头脑风暴时，为确保将所有的 EG® 思维与行为特质包含其中的做法。

WE 团队：由在认知上具有多样性的成员组成，他们在每种思维特质中都具有偏好，并且在行为特质的所有频谱上都有一定表现。

WE：全称为 Whole Emergenetics®，是指推广使用所有的 EG® 特质，以确保做出深思熟虑的决策和建设高效的工作文化。